Magirus-Feuerwehr-Fotoalbum

Udo Paulitz

Magirus-Feuerwehr-Fotoalbum

Fahrzeuge 1900–1970

Kosmos

Mit 98 Farb-, 123 SW-Fotos, 13 Prospekt-Faksimile und 14 Konstruktionszeichnungen aus den untengenannten Archiven (die Nummern in Klammern finden sich bei den jeweiligen Abbildungstexten wieder).
Feuerwehren: BF Köln (02) 10, FF Holzkirchen (04) 1, BF Hamburg (07) 1, FF Lüneburg (08) 1, BF Düsseldorf (10) 1, BF Osnabrück (11) 2, BF Heilbronn (13) 1, BF Dortmund (14) 1.
Werksarchive: Iveco-Magirus (01) 97, Metz (06) 3, Ziegler (15) 1.
Privat: Sammlung Paulitz (03) 5, Paulitz (05) 95, Sammlung Mur (09) 1, J. Schmidt (12) 1
Prospekt-Faksimile und Konstruktionszeichnungen: Sammlung Paulitz (03) 27.

Einbandgestaltung von Atelier Reichert, Stuttgart, unter Verwendung von 6 Aufnahmen des Verfassers. Sie zeigen von links oben nach rechts unten: Magirus FL 145, DL 26 m der FF Datteln von 1940; Magirus-Deutz F Mercur 125, TLF 15, Magirus-Aufbau, der FF Lüneburg von 1955; Magirus-Deutz F Mercur 125 A, TLF 16, Magirus-Aufbau, der FF Baiersbronn von 1961; Magirus LK, LF 15 (ehem. KS 15) der FF Wartenberg von 1937; ehem. Kraftfahrspritze (KS) 25 (jetzt LF 25) auf Magirus FS 145 von 1940, der FF Velbert (heutiger Eigentümer: Feuerwehrmuseum Heiligenhaus). Rückseite: Magirus M 27, LF 15 (ehem. KS 15) der FF Ehingen von 1935.

Bild auf Seite 2:
Eine besonders imposante Drehleiter der 30er Jahre soll am Anfang dieses Magirus-Bilderbogens stehen, sind doch die Ulmer besonders durch ihre Leiterfahrzeuge bei den Feuerwehren in aller Welt bekannt geworden. Diese am 10. 10. 1936 an die Branddirektion der Stadt Danzig gelieferte Kraftfahrdrehleiter KL 26+2 war auf dem Magirus-M 37-Chassis (Sechszylinder-Diesel mit 90 PS) montiert. Seinerzeit wurden zwei baugleiche Fahrzeuge nach Danzig geliefert. Dieses gewaltige Fahrzeug mit der langen Haube dürfte beim Betrachter einen nachhaltigen Eindruck hinterlassen. (01)

Zum Bild auf der rechten Seite:
Im Jahre 1904 bestellte die Berufsfeuerwehr Köln einen aus Dampfspritze und Drehleiter bestehenden „dampfautomobilen" Löschzug bei Magirus in Ulm. Die Drehleiter, mit 22 m Steighöhe und zusätzlicher zwei Meter langer Handausschubleiter, wurde unter der Leitung des Oberingenieurs Fritz Mayer von den Magirus-Werken entworfen und war gleichzeitig die erste maschinengetriebene Kraftfahrdrehleiter der Welt. Zum Betrieb der Leiter waren drei Dampfmaschinen erforderlich, die gemeinsam aus einem petroleumbeheizten Kessel gespeist wurden. Je eine Dampfmaschine diente zum Antrieb des Fahrzeugs selbst, sowie für das Aufrichte- und Auszugsgetriebe. Das Drehen der Leiter mußte noch von Hand vorgenommen werden. Der Dampfantrieb bei Feuerwehrfahrzeugen bewährte sich nicht. Insbesondere der Betrieb der Drehleiter war zu aufwendig, so daß dieses Fahrzeug schon nach kurzer Zeit auf Elektroantrieb umgebaut wurde. Die Abbildung zeigt die von der Feuerwache Altermarkt eingesetzte Drehleiter in ausgezogenem Zustand auf dem Hof der Hauptfeuerwache Melchiorstraße. (02)

Die Deutsche Bibliothek – CIP-Einheitsaufnahme

Magirus-Deutz-Aktiengesellschaft:
Magirus-Feuerwehr-Fotoalbum : Fahrzeuge 1900–1970 / Udo Paulitz. – Stuttgart : Kosmos, 1998
　ISBN 3-440-07626-1

1998, Franckh-Kosmos Verlags-GmbH & Co., Stuttgart
Alle Rechte vorbehalten
ISBN 3-440-07626-1
Lektorat und Herstellung: Siegfried Fischer, Stuttgart
Printed in Germany/Imprimé en Allemagne
Satz und Reproduktionen: Typomedia Satztechnik, Ostfildern
Gesamtherstellung: Westermann Druck Zwickau GmbH, Zwickau

Inhalt

Zu diesem Buch 6

Von der Dampfspritze bis zum Sieg der Verbrennungsmotoren – Die Feuerwehrmotorisierung bis zum Ende des Ersten Weltkrieges 8

Von Automobilspritzen, Drehleitern und den ersten Spezialfahrzeugen – Die offene Bauweise prägt das Aussehen der Feuerwehrfahrzeuge bis in die 30er Jahre 15

Die Zeit der vereinheitlichten Fahrzeuge und großen Serien – Die Entwicklung während des Dritten Reiches . 30

Engagierter Neubeginn und technische Innovation – Die ersten Jahre nach dem Krieg 71

Eine Legende entsteht – Runde Kanten und Hauben prägen die Magirus-Feuerwehrfahrzeuge der 50er Jahre 80

Die Eckhauber kommen – Die letzten klassischen Haubenwagen von Magirus 112

Magirus und die Feuerwehren Europas – Bilderbogen der Exportfahrzeuge 136

Ein Wort vorab

Es hieße Eulen nach Athen tragen, wollte man über Bedeutung und Verdienste, die die Ulmer Firma Magirus im Laufe ihrer Geschichte um den Feuerwehrfahrzeugbau erworben hat, viele Worte verlieren.

Mit der 1864 erfolgten Gründung einer „Feuerwehrrequisiten-Fabrik" in Ulm an der Donau legte der damalige Feuerwehrkommandant Conrad Dietrich Magirus den Grundstein für ein Unternehmen von Weltgeltung. Vor allem durch Bau und Entwicklung von Leitern aller Art machte sich das junge Unternehmen bald im In- und Ausland einen Namen. So stellte Magirus bereits 1872 seine „Ulmer Leiter" vor, die im Jahr darauf, auf der Weltausstellung in Wien, mit einer Goldmedaille prämiert wurde. Ebensowenig wurde die Weiterentwicklung von Feuerwehrgeräten und Spritzen vernachlässigt, wobei das Bestreben, die menschliche Kraft bei den wasserfördernden Löschgeräten zu ersetzen, im Vordergrund stand. Den zu dieser Zeit aufkommenden neuen Antriebsarten stand Magirus daher sehr aufgeschlossen gegenüber. 1893 stellte Magirus eine von einem Daimler-Verbrennungsmotor angetriebene, pferdegezogene Motorspritze vor, und zehn Jahre später, 1903, wurde die erste Dampf-Feuerspritze konstruiert, deren Fahr- und Pumpenantrieb durch petroleumgefeuerte Dampfmaschinen erfolgte. Mit der Lieferung eines dampfautomobilen Löschzuges an die BF Köln im Jahre 1904 und der 1916 erfolgten Konstruktion einer Drehleiter mit Benzinmotor für die Feuerwehr Chemnitz, bei der sämtliche Leiterbewegungen durch den Fahrmotor betrieben wurden, setzte die Magirus AG weitere bedeutende Meilensteine. Im gleichen Jahr wurden auch Konstruktion und Bau von Lastkraftwagen aufgenommen, so daß nun die Möglichkeit bestand, Feuerwehrfahrzeuge auf firmeneigenen Fahrgestellen zu fertigen.

Nach Beendigung des Ersten Weltkrieges begann für Magirus in allen Bereichen eine rasante Weiterentwicklung, die erst durch die Weltwirtschaftskrise Ende der 20er Jahre kurzzeitig gebremst wurde. Die durch den Krieg unterbrochenen Motorisierungsbestrebungen der Feuerwehren wurden beschleunigt fortgeführt, so daß allgemein ein großer Nachholbedarf an Feuerwehrfahrzeugen im In- und Ausland bestand und so die Auftragslage für Magirus auf Jahre hinaus eine positive Bilanz aufwies. Nachdem im Mai 1918 die erste Automobilspritze auf dem Magirus-3-CS-Fahrgestell an die Feuerwehr Rottweil geliefert worden war, bot Magirus bereits 1922 ein umfangreiches, auch für Feuerwehrzwecke verwendetes Lastwagenfahrgestellprogramm von 1 t – 4 t Nutzlast an, das, Mitte der 20er Jahre nach oben hin erweitert, schließlich ab 1930 von einer komplett neuen Typenreihe abgelöst wurde, die man kurze Zeit später auch mit Dieselmotoren ausrüstete.

1926 wurde der Bau von Tragkraftspritzen aufgenommen, und 1931 die erste Drehleiter mit geschweißtem Stahlleitersatz (Steighöhe 38,4 m) auf der Berliner Automobilausstellung präsentiert. Die ab Mitte der 30er Jahre einsetzenden Luftschutzbestrebungen in Deutschland führten zu weiteren Produktionsausweitungen, die u. a. im Bau der sogenannten „Einheitskraftfahrspritze" ihren Ausdruck fanden. 1936 wurde die C. D. Magirus AG von der Klöckner-Humboldt-Deutz AG übernommen, unter deren Namen das Unternehmen fortan firmierte. Die ersten Fahrzeugtypen, in welche die zunächst noch wassergekühlten Deutz-Dieselmotoren eingebaut wurden, waren die 4,5- bzw. 5-Tonnen-L 145/L 150, deren Fertigung 1938 anlief. Im Zuge der vereinheitlichten getypten Löschfahrzeuge und Drehleitern kam es im Krieg – bis zur Zerstörung der Werksanlagen Ende 1944 – zu einer Großserienfertigung aller zu jener Zeit gängigen Modelle des Brandschutzes.

Allen Hemmnissen zum Trotz konnte Magirus ab 1946 die Produktion des wassergekühlten Dreitonnenmodells S 3000 wieder aufnehmen. 1948 erfolgte die Umstellung auf luftgekühlte Motoren, die man ab 1951 auch in die berühmten Rundhauberlastwagen einbaute. In den 50er Jahren setzte ein großer Bauboom von Feuerwehrfahrzeugen ein, an dem Magirus als einer der führenden Hersteller ebenfalls partizipierte, galt es doch, die erheblichen Kriegsverluste baldmöglichst zu ersetzen. Favorit dabei waren vor allem die neuen Tanklöschfahrzeuge, die teilweise mehr als 50 Prozent der Gesamtproduktion ausmachten. Auch das Exportgeschäft belebte sich wieder, wozu verkaufswirksame und kundengewinnende Maßnahmen, wie die 1951 erfolgte Präsentation der mit 52 Metern höchsten Drehleiter der Welt erheblich beitrugen. Zwei Jahre später konnte Magirus mit der ersten deutschen vollhydraulischen Drehleiter aufwarten. Ereignisse, auf die das traditionsreiche Unternehmen mit Recht stolz sein konnte und die das Selbstbewußtsein stärkten. Mit der Einführung des 150-PS-Motors in der mittelschweren Nutzlastklasse ging bei Magirus die Rundhauberära Anfang der 60er Jahre zu Ende und führte zu einer Renaissance des Eckhaubers mit freistehenden Scheinwerfern für weitere zehn Jahre. In diese Zeit fielen sowohl die Einführung des Rettungskorbes für die 30-m-Leiter als auch die der Leiterbühne. Ab Mitte der 60er Jahre begann Magirus, das Fertigungsprogramm – und somit auch die Feuerwehrfahrzeuge – Stück für Stück auf aktuelle Frontlenkermodelle umzustellen, und ab 1983 änderte sich der Firmenname abermals in: Iveco Magirus AG.

Dieser Zeitabschnitt soll aber nicht mehr in diesem Buch behandelt werden, sondern möglicherweise einer zu einem späteren Zeitpunkt erscheinenden Veröffentlichung vorbehalten bleiben.

An dieser Stelle möchte ich allen denen herzlich danken, die meine Arbeit unterstützt haben. Neben meinen Freunden, die mir wie immer mit Rat und Tat zur Seite standen, gilt mein Dank vor allem Herrn Schwarz aus dem Hause Iveco-Magirus, und meiner Frau, die das Manuskript zu Papier brachte und mir durch ihr Verständnis sehr geholfen hat.

Nun seien mir noch einige erklärende Worte zu diesem Buch gestattet. Dieses Werk befaßt sich sowohl mit von Magirus erstellten Feuerwehraufbauten auf eigenen Fahrgestellen und auch auf solchen von Fremdfabrikaten, als auch mit den relativ seltenen Fällen, in denen Magirus-Fahrgestelle mit Aufbauten fremder Hersteller versehen wurden. Wer entweder eine komplette Dokumentation der Werks- oder Technikgeschichte des Hauses Magirus oder einen Katalog aller im Brandschutzbereich gefertigten Feuerwehrfahrzeuge des gewählten Zeitraumes von 1900 bis 1970 von diesem Buch erwartet, wird möglicherweise enttäuscht sein. Dieses Vorhaben ist bei einem vorgegebenen Buch-

Zu Beginn unseres Jahrhunderts setzten die ersten zaghaften Motorisierungsbestrebungen bei den Feuerwehren ein. Zur Wahl standen verschiedene Antriebsarten. Hier die dampfautomobile Drehleiter der BF Köln in einer Magirus-Werkaufnahme vom 23. 1. 1904. Die pferdewagenähnliche Konstruktion des Fahrzeuges ist unverkennbar. (01)

umfang von 144 Seiten nicht zu verwirklichen. Dafür habe ich mich aber bemüht, einen möglichst großen Anteil unbekannter und unveröffentlichter Fotoaufnahmen, Faksimiles und Zeichnungen – besonders aus dem Zeitraum bis 1945 – für dieses Buch auszuwählen, die – in zwangloser Folge und ohne Anspruch auf Vollständigkeit – einen, so glaube ich, repräsentativen Querschnitt der behandelten 70jährigen Entwicklungsgeschichte im Magirus-Feuerwehrfahrzeugbau darstellen. Ich würde mich sehr freuen, wenn die vorgelegte Auswahl Ihren Beifall fände. Sollte schon mal ein Foto oder Fahrzeug dem einen oder anderen Leser aus einer anderen Veröffentlichung bekannt sein, so möge er dies bitte mit Nachsicht tolerieren, denn mit Sicherheit wird es noch andere Leser geben, die nicht so gut informiert sind und diese Aufnahmen nicht kennen.

Die Bildbeschreibungen wurden so genau wie möglich recherchiert und nach bestem Wissen verfaßt, was selbstverständlich nicht heißen soll, daß sie völlig fehlerfrei sind. Richtigstellungen, Anregungen und konstruktive, sachliche Kritik sind mir daher immer willkommen!

Ebenso freue ich mich über Hinweise aus dem Leserkreis über altes Fotomaterial von Feuerwehrfahrzeugen. Wenn Sie also etwas anzubieten haben, bitte ich um Ihre Kontaktaufnahme. Das mir überlassene Material erhalten Sie selbstverständlich nach Auswertung zurück. In diesem Sinne wünsche ich Ihnen viel Spaß bei der Lektüre.

Udo Paulitz
Braunsberger Weg 69
47279 Duisburg-Wedau

Auch zu Beginn des 20. Jahrhunderts hatte der Pferdebetrieb bei der Feuerwehr – trotz aller Motorisierungsbemühungen – noch lange nicht ausgedient, so daß ein Großteil der Fertigungsaufträge von Magirus die Herstellung von Anhängern für Pferdezug betraf. Diese am 26. 10. 1910 entstandene Aufnahme zeigt die Wagnerei, in der die aus Holz gefertigten Wagenräder eiserne Radreifen maschinell auf die Holzfelgen gepreßt bekamen. Links im Bild sind einige der zur damaligen Zeit unverkleideten und daher unfallträchtigen Transmissionsriemen sichtbar. (01)

Mannschafts- und Gerätewagen für Pferdezug (vermutlich Heeresauftrag) im Magirus-Werk vor der Auslieferung. Datum der Aufnahme: 18. 10. 1910. (01)

Oben eine selbstfahrende dampfautomobile Spritze mit einer Pumpleistung von 1500 l/min für die Fabrikfeuerwehr C.D. Magirus, Ulm, Baujahr 1903. (01)

Dampfautomobile Spritze der Berufsfeuerwehr München in einer Aufnahme vom 26. 5. 1905. Die selbstfahrende Dampffeuerspritze konnte sowohl mit Holz oder Kohle als auch mit Petroleum beheizt werden. Die Dampfmaschine erbrachte eine Leistung von ca. 55 PS sowie eine Pumpleistung von 1500 – 2000 l/min und erreichte 25 km/h Höchstgeschwindigkeit bei 30 km Aktionsradius. Es fuhren sieben Mann Besatzung mit. Diese schweren Fahrzeuge blieben nicht nur wegen ihres hohen Beschaffungspreises fast ausschließlich größeren, sprich finanzkräftigeren Wehren vorbehalten. Eine Dampfspritze benötigte auch gut ausgebildetes, eingespieltes und ständig anwesendes Bedienungspersonal, welches kleinen Wehren einfach nicht zur Verfügung stand. (01)

Hier nochmals der dampfautomobile Löschzug der BF Köln vor der Feuerwache Altermarkt. Links im Bild die Dampfspritze, deren Pumpleistung bei 2000 l/min lag, daneben die bereits beschriebene Drehleiter. Der Dampfantrieb war eine nur sehr kurzlebige Erscheinung im Rahmen der Motorisierungsbestrebungen für Feuerwehrfahrzeuge. Er war – ähnlich wie die in Ablösung begriffene Pferdehaltung – zu aufwendig, denn um im Alarmfall sofort ausrücken zu können, mußten diese Fahrzeuge ständig betriebsbereit unter Dampf gehalten werden. So verschwand die Dampfkraft als Antriebsart für Feuerwehrfahrzeuge auch bei Magirus alsbald aus dem Fertigungsprogramm. (02)

Diese Abbildung zeigt die von Dampf- auf Elektroantrieb umgerüstete Magirus-DL 22+2 der BF Köln, aufgenommen am 8. 6. 1912. Das in eigener Werkstatt umgebaute Fahrzeug erhielt eine neu gefederte Vorderachse und Radnabenmotoren der Firma J. C. Braun, Nürnberg, mit jeweils sieben PS. Die dazugehörigen Batterien besaßen 84 Zellen und stammten von der Firma Gottfried Hagen. Im Zuge des Umbaus erhielt die Drehleiter eine große Schlauchhaspel vorgebaut, und durch Wegfall des Dampfantriebes konnten Gerätekästen zwischen den Achsen installiert werden. (02)

Im Gegensatz zum Dampfantrieb war der Elektroantrieb vor dem Ersten Weltkrieg bei Feuerwehrfahrzeugen wesentlich verbreiteter. 1907 wurde – als erste Magirus-Drehleiter – ein derartiges Fahrzeug auf einem Fahrgestell des Wiener Produzenten Lohner mit Radnabenmotoren des Systems Porsche für die BF Hamburg gebaut. Eine ähnliche Drehleiter, mit 22+2 m Steighöhe, erhielt die BF Essen im Jahre 1909. Die am 7. 4. 1909 entstandene Aufnahme zeigt das voll ausgerüstete Fahrzeug vor der Ablieferung auf dem Ulmer Werksgelände. Es verfügte über zwei Elektromotoren in den Vorderrädern, die jeweils 14,5 PS leisteten. Beachtenswert ist neben der großen Schlauchhaspel vor der „Motorhaube" des Fahrzeugs, unter der sich allerdings die Fahrzeugbatterien verbargen, die geradezu luxuriös gepolsterte Fahrersitzbank. Oberhalb der Haube befindet sich der große, damals übliche signalähnliche Fahrtrichtungsanzeiger. (01)

Bereits am 5. 2. 1909 entstand die oben gezeigte Aufnahme der Essener elektromobilen Drehleiter (siehe vorherige Aufnahme). Einige Ausrüstungsteile fehlen noch. (01)

Elektromobile DL 26 der BF Frankfurt/Main mit Radnabenmotoren in den Hinterrädern des Fabrikates J.C. Braun, Nürnberg, aufgenommen am 10. 2. 1910. (01)

Oben: Die BF Breslau gehörte zu den anfangs noch wenigen Feuerwehren in Deutschland, die schon sehr früh ihren Feuerwehrfahrzeugpark auf Verbrennungsantrieb umstellten. Zur Verwendung kamen Fahrgestelle der Firma Daimler, Marienfelde (DMG), mit 3 t Tragfähigkeit und 28/32 PS Motorleistung. Die erste DL 25 wurde am 4. 2. 1910 von Magirus nach Breslau geliefert. Weitere Leitern folgten in den Jahren 1911 und 1912. Hier zwei Automobildrehleitern in einer am 18. 5. 1912 entstandenen Aufnahme. (01)

1905 beschaffte die Feuerwehr der FF Barmen (ab 1906 BF) eine DL 22+2 m vom Typ Magirus DV mit vierteiligem Leiterpark für Handbetrieb. Die auf einem zweiachsigen Fahrgestell aufgebaute Leiter war für Pferdezug (Bespannung mit zwei Pferden) und einer Besatzung für max. neun Mann vorgesehen und wog voll ausgerüstet 4081 kg. Die ursprüngliche Lackierung war grün und ab 1910/11 rot. Auf Beschluß des Rates der Stadt Barmen vom 9. 7. 1913 sollte hierfür ein motorisiertes Fahrgestell beschafft werden. Der Umbau erfolgte bei Magirus in Ulm auf ein im sog. „Mixed-Antrieb" betriebenes Fahrgestell mit Radnabenmotoren von J. C. Braun, die sich in den Vorder- und Hinterrädern (daher Allradantrieb 4 × 4) befanden. Die elektrische Energie für diese Motoren wurde nicht aus einer Batterie, sondern durch einen Sechszylinder-Argus-Verbrennungsmotor erzeugt, der einen Generator antrieb. Diese Aufnahme vom 7. 3. 1914 zeigt das Fahrzeug vor der Ablieferung auf dem Magirus-Werksgelände. Am 20. 3. 1914 wurde die Drehleiter als Motordrehleiter Nr. 1 der BF Barmen auf der Hauptfeuerwache Heidter Berg in Dienst gestellt. Mit voller Ausrüstung wog das Fahrzeug nunmehr 7670 kg. Eine Generalüberholung von Fahrgestell, Motoren und Leiter erfolgte 1926, so daß die DL noch im Mai 1937 als Reserveleiter in Barmen vorhanden war. Danach verliert sich ihre Spur; sie soll anschließend verschrottet worden sein. (01)

Oben: Der Beginn des Ersten Weltkrieges im August 1914 führte auch bei Magirus zu zum Teil erheblichen Verzögerungen bzw. Stornierungen in der Fertigung und Auslieferung von Feuerwehrfahrzeugen und -geräten. Hier eine für die BF Gelsenkirchen auf Benz-Gaggenau-3-CN-Fahrgestell (Vierzylinder-45-PS-Motor) aufgebaute benzingetriebene Automobilspritze bei einer Spritzprobe am 8. 3. 1915 am Ulmer Donauufer. Im Hintergrund das gewaltige, alles überragende, 161 m hohe Ulmer Münster, dessen Signet die Kühler der ab 1916 bei Magirus gebauten Lastkraftwagen tragen sollten. (01)

Die bereits 1914 bei Magirus in Auftrag gegebene erste Automobilspritze für die Freiwillige Feuerwehr Kempten/Allgäu, aufgenommen am 29. 5. 1915 vor der Auslieferung auf dem Ulmer Werksgelände. Aufgebaut war dieses Fahrzeug auf dem Benz-Gaggenau-Omnibusfahrgestell BL 10 (Kettenantrieb, 40/45 PS, Vierganggetriebe). Bei einer Nutzlast von zwei Tonnen erreichte das Spritzenfahrzeug eine Höchstgeschwindigkeit von 30 km/h. Auf diesem Bild sind besonders deutlich die zu jener Zeit häufig verwendeten, zur Abdeckung des Hintergrundes dienenden großen, weißen Platten zu sehen, die bei Fotoaufnahmen zur besseren Abzeichnung des aufzunehmenden Objektes dienten. (01)

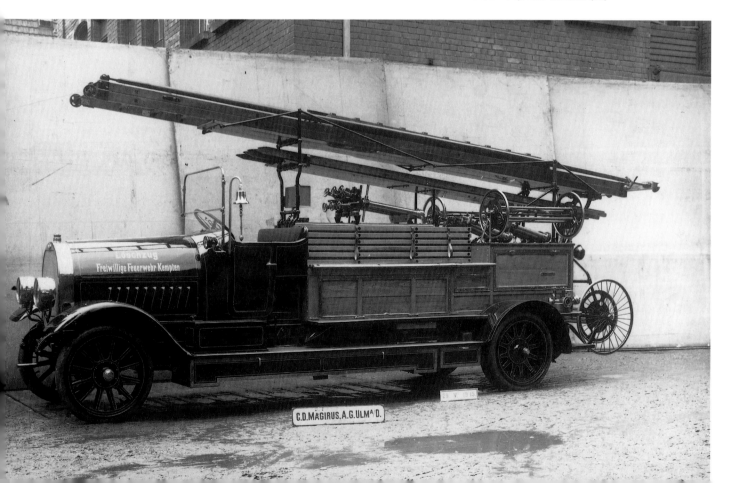

Oben: Nach dem Ersten Weltkrieg lief die Produktion bei Magirus nur langsam an, und erst ab 1920 setzte im Feuerwehrbereich wieder eine stärkere Nachfrage ein. Obwohl Magirus nunmehr versuchte, möglichst viele Automobilspritzen und Drehleitern auf eigenen Fahrgestellen anzubieten, wurden weiterhin viele Aufträge auf Lastwagen-Fahrgestellen fremder Hersteller ausgeführt. Diese am 25. 1. 1922 entstandene Abbildung zeigt zwei Autolöschzüge, jeweils bestehend aus Automobilspritze und Drehleiter, die auf Benz-Gaggenau-3-CN-Fahrgestellen aufgebaut sind, vor dem Magirus-Werksgelände. Dieser 1921–1926 gefertigte 3,5-t-Typ verfügte über ein Vierzylindertriebwerk mit 40/45 PS bei 1200 U/min und 6270 cm³ Hubraum, sowie Viergangetriebe und Kardanantrieb. Die erreichbare Höchstgeschwindigkeit betrug ca. 30 km/h. Die beiden Fahrzeuge im Vordergrund waren zur Lieferung an die BF Mönchengladbach vorgesehen. (01)

20. 2. 1922: Automobilspritze und Drehleiter für die BF Bonn verlassen das Magirus-Werkstor. Beide Fahrzeuge entstanden auf Fahrgestellen eigener Fertigung. Während die Automobilspritze mit 2000-LZ-III-Pumpe auf dem Typ Magirus 3 CS aufgebaut war, hatte die DL 26 (mit Drehleitergetriebe K 20) das 3-CL-Chassis als Basis. Die Nutzlast betrug in beiden Fällen 3 t, die Motorleistung mit 70 PS bei 10 306 cm³ Hubraum war ebenfalls gleich. 01)

Nr. 299a.

Magirus Feuerwehrgeräte
G. m. b. H.

 Ulm a. D.

Drahtanschrift: Feuerwehrgeräte Ulmdonau
Fernsprecher 840

Zweigniederlassung: **Berlin W. 10** Viktoriastraße Nr. 30

Drahtanschrift: Feuerwehrgeräte Berlin. — Fernsprecher: Amt Lützow Nr. 5646/47

Rudolf Mosse Code — A B C Code 5th edition.

Magirus-Autospritze
mit
Magirus-Aufprotzpatentleiter
(D. R. P.)
Modell „Smyrna"

Magirus-Fahrgestell	3,5 to
Magirus-Motor	70 PS
Magirus-Hochdruckzentrifugalpumpe Z III	2000 l
Magirus-Aufprotzpatentleiter	18–20 m

Codewort für Autospritze mit Pumpe aus Spezialguss, mit Aufprotzleiter 18 m: Sonroseos
„   „   „   „   „   „   „   „   „   „   20 m: Soplona
„   „   „   „   „   „   Bronze   „   „   18 m: Sorgevano
„   „   „   „   „   „   „   „   „   20 m: Sorgiva

2. 25. 1000.

Magirus Feuerwehrgeräte G. m. b. H.

Das Fahrgestell mit Motor.

Leistungen und wissenswerte Angaben.

Typ	V 135	Höchstgeschwindigkeit	40 km
Steuer-PS	39,4	Steigungsvermögen	bis zu 20 %
Leistung auf dem Bremsstand	70 PS	Reifenprofil: Vollreifen	930×140 mm
Umdrehungszahl in der Minute	1100	vorne einfach, hinten doppelt	
Zylinder-Bohrung	135 mm	Radstand	4130 mm
Kolben-Hub	180 mm	Spurweite vorne	1530 mm
Brennstoffbehälter	für etwa 150 l Inh.	Spurweite hinten	1520 mm
Brennstoffverbrauch für 100 km Fahrt etwa	50 l	Wenderadius der Hinterräder, innen gemessen etwa	5750 mm
Brennstoffverbrauch für 1 Spritzenstunde etwa	25 l	Wenderadius außen an der Leiterspitze gemessen	„ 8750 mm
Oelverbrauch für 100 km Fahrt	etwa 2,6 kg		
Oelverbrauch für 1 Spritzenstunde	etwa 0,75 kg		

Fahrgestell in Feuerwehr-Sonderbauart, Tragfähigkeit 4500 kg, Rahmen aus gepreßtem Stahlblech, durch kräftige Unterzüge versteift; Vorder- und Hinterachse aus hochwertigem Stahl. Räder aus Stahlguss mit Kugellagern und Vollgummibereifung, vorne einfach, hinten doppelt; Kotflügel über Vorder- und Hinterrädern. Handhebelbremse auf die Hinterräder und Fußbremse auf das Getriebe wirkend. Bergstütze an der Hinterachse. Brennstoffbehälter unter dem Fahrersitz, mit feuersicherem Einfüllstutzen. Lenkvorrichtung mit großem Steuerrad, leicht zu handhaben. Am Instrumentenbrett Geschwindigkeitsmesser und Kilometerzähler. Vorne am Fahrzeug 2 große elektr. Scheinwerfer und 2 elektr. Kurvenlampen, rückwärts eine Lampe für die Pumpe und das Nummernschild; ferner eine Lampe vorne am Instrumentenbrett, zugleich als Handlampe verwendbar. Kraftquelle für die Beleuchtung: 1 Dynamomaschine mit Antrieb vom Fahrmotor, sowie bei Motorstillstand 1 Batterie für etwa 3stündige Beleuchtung.

Getriebe in gut dichtendem Gehäuse gekapselt und ganz in Oel laufend, mit 4 verschiedenen Geschwindigkeiten für Vorwärts- und 1 für Rückwärts-Gang. Betätigung mittelst Schalthebel und Lamellen-Kupplung. Kraftübertragung auf die Hinterräder durch öl- und staubdichten Kardan-Antrieb über ein gesetzlich geschütztes Rädervorgelege.

Motor 70 PS vierzylindrig, in 2 Blöcken gegossen. Ventile auf einer Seite angeordnet; Ventilsteuerung durch Nockenwelle von unten. Magnet, Fabrikat **Bosch-Lichtbogenzündung.** Anwerfen des Motors von Hand oder durch **Bosch-Anlaß-Motor. Vergaser** Fabrikat Pallas, für Verwendung aller üblichen Brennstoffe eingerichtet. Brennstoffzufuhr durch **Pallas-Unterdruckförderer. Schmierung** des Motors automatisch durch eine an der tiefsten Stelle des Kurbelgehäuses sitzende Zahnradpumpe mit 2 Drahtfiltern, mit Tauchstange zum Ablesen des Oelstandes. **Kühlung** durch Zentrifugal-Pumpe und Lamellenkühler in Verbindung mit Flügelrad-Ventilator und Windflügelspeichen im Schwungrad; Kühlwasserleitung durch das Pumpengehäuse geführt zur Verstärkung des Kühleffekts. Ueber dem Motor leicht zu öffnende Schutzhaube.

Abprotzen der Leiter durch 1 Mann.

Bester Ersatz für den Zweifahrzeuglöschzug.

Motorrad-Feuerspritze auf D-Rad (später NSU), aufgenommen am 31. 7. 1926. Die Besatzung besteht aus zwei Wehrmännern, und auf dem Seitenwagen sind eine Magirus-Liliput-Tragkraftspritze (Pumpleistung ca. 350 l/min), Saugschläuche, Schlauchhaspel sowie ein Gerätekasten verlastet. (01)

Überland-Motorspritze Modell „Brandenburg" auf Magirus-2 CS-Chassis (40 PS, 1100 U/min, 6082 cm^3 Hubraum) der FF Zella-Mehlis in einer Aufnahme vom 26. 6. 1926. Das Fahrzeug besitzt bereits quer zur Fahrtrichtung angeordnete Sitzbänke und ein Faltverdeck, das die Besatzung zumindest einigermaßen gegen Witterungseinflüsse schützt. Bei längeren Überlandfahrten, besonders außerhalb der Ortschaften, war dies auch notwendig. Bestückt ist die Autospritze mit einer Heckeinbaupumpe vom Typ Z II mit 1150 l/min bei 8 atü. (01)

Magirus-Mannschafts- und Gerätewagen auf Magirus-MLA-Chassis der FF Gladbeck mit nachfolgenden motortechnischen Daten: Sechszylinder-Vergasermotor vom Typ W 2, 70 PS, 2200 U/min, 5740 cm³ Hubraum, Höchstgeschwindigkeit 50 km/h, Steigvermögen ca. 20 %, Verbrauch 33 l/100 km. Der am 27. 12. 1929 fotografierte Wagen besitzt keine eingebaute Pumpe, sondern ist nur mit Geräten, Leitern und Schlauchmaterial bestückt. (01)

Löschzug, bestehend aus Automobilspritze auf Magirus 3 CS mit 2000-l-Pumpe und DL 26 auf Magirus 3 CL der Berliner Feuerwehr, aufgenommen am 13. 2. 1930. Beide Fahrzeuge besitzen noch die unfallträchtigen Längssitze und sind elastikbereift. Ein typischer Löschzug einer städtischen Feuerwehr der 20er Jahre. (01)

Schon seit jeher war der Export von Feuerwehrfahrzeugen ein wichtiges Standbein bei Magirus. Hier die lange Fahrzeugreihe eines Großauftrages für die spanische Feuerwehr Barcelona, u. a. bestehend aus Autodrehleitern, Abprotzleitern und Automobilspritzen, die am 20. 3. 1929 fotografiert wurde. Gerade zur Zeit der Weltwirtschaftskrise waren solche Aufträge für das Überleben des Unternehmens unverzichtbar. (01)

Magirus-3 CL-Autospritze mit 2000-l-Feuerlöschpumpe vom Typ Z III der chilenischen Feuerwehr Valdivia bei einer am 9. 10. 1928 vor der Auslieferung erfolgten Spritzprobe. (01)

1928 orderte die FF Holzkirchen eine Automobilspritze mit 1000-l-Feuerlöschpumpe bei Magirus in Ulm. Dieses Fahrzeug wurde am 20. 4. 1929 an den Besteller ausgeliefert, der Aufbau war auf Magirus-2 CS-Chassis mit 55-PS-Vergasermotor erfolgt. Die Höchstgeschwindigkeit betrug 55 km/h, das Steigvermögen bis zu 20 %, und der Verbrauch lag bei 20 l auf 100 Kilometer. Die 4,6 t schwere Automobilspritze beförderte acht Mann Besatzung zum Einsatz und besaß bereits ein Faltverdeck aus Segeltuch. Bis zum Mai 1957 leistete das Fahrzeug in unzähligen Einsätzen der Feuerwehr treue Dienste. Zum Glück blieb dem Veteranen der Schneidbrenner erspart, so daß 1988/89 eine Totalrestaurierung erfolgen konnte. Seitdem ist der bestens gepflegte Oldtimer Star so mancher Fahrzeugveranstaltung. Diese Aufnahme zeigt das Fahrzeug kurz nach der Inbetriebnahme 1929 bei einer Spritzprobe auf dem Holzkirchener Stadtplatz. (04)

Einsatz von Magirus-Feuerwehrfahrzeugen beim Brand des Alten Schlosses in Stuttgart am 21. 12. 1931: im Vordergrund eine Autospritze vom Typ MMS mit 2000-l-Pumpe (Maybach-Sechszylinder-Vergasermotor, 100 PS), dahinter eine Magirus-DL 26 auf Benz-Gaggenau-3 CN-Fahrgestell. Der Brand des Alten Schlosses gehörte zu den schwierigsten und folgenschwersten Einsätzen der Stuttgarter Berufsfeuerwehr seit ihrer Gründung. Der Brand war erst nach 42 Stunden unter Kontrolle, und die Feuerwehr war insgesamt 10 Tage im Einsatz. Drei Feuerwehrmänner fanden durch eine plötzlich einstürzende Giebelwand am 22. 12. 1931 den Tod. Sieben Automobilspritzen und mehrere Kleinmotorspritzen verbrauchten insgesamt 30 000 m³ Löschwasser. (01)

Ende der 20er Jahre ging die BF Stuttgart daran, ihren Fahrzeugbestand dahingehend zu erneuern, daß bis 1934 jede Feuerwache über einen modernen Löschzug, bestehend aus Autospritze und Kraftfahrdrehleiter verfügen sollte. Man entschied sich für Motorspritzen von Magirus, die mit 2000-l-Hinteneinbaupumpen, 350-l-Löschwasserbehältern und 14 Mann Besatzung beladen und ausgerüstet waren. Der Aufbau erfolgte auf Niederrahmenfahrgestelle mit Luftbereifung, die wegen ihres tiefen Schwerpunktes und der niedrigen Einstiegshöhe besonders bei Omnibussen und Möbelwagen verbreitet waren. Die niedrige Bauhöhe garantierte auch eine leichter erreichbare Leitergalerie. Die Aufbauten waren außen mit Blech verkleidet, Mannschaftssitze und sonstige Holzteile fertigte man aus Eiche natur. Sämtliche Beschläge sowie ein Teil der Armaturen waren verchromt oder vernickelt. Im Januar 1929 wurde die erste Spritze auf Magirus-Fahrgestell in Dienst gestellt. Es folgten im gleichen Jahr sowie 1934 das zweite und dritte Fahrzeug, welche auf OS-4000-Niederrahmen-Chassis von Daimler-Benz (Sechszylinder, 110-PS-Vergasermotor) montiert waren. Wahrscheinlich erfolgte Ende 1935 die Umrüstung auf wirtschaftlichere 110-PS-Dieselaggregate. Es dürfte wenig bekannt sein, daß Motorgehäuse und Aufbauten seinerzeit blau lackiert waren, während man Rahmen und Kotflügel schwarz absetzte. Dies war zu der Zeit die übliche Farbe für Feuerwehrfahrzeuge in Stuttgart, und erst 1933/34 wurde als erstes rotes Fahrzeug ein Gerätewagen in Dienst gestellt. Die Umlackierung aller BF-Fahrzeuge erfolgte bis Ende 1935. (01)

Unten: Einen gewaltigen Eindruck hinterläßt diese am 14. 6. 1929 an die BF Hannover von Magirus gelieferte Gasspritze, aufgebaut auf Magirus-MMS-Chassis mit 100-PS-Sechszylinder-Maybach-Vergasermotor vom Typ OS 6. Das vollausgerüstet 8,6 t wiegende Fahrzeug erreichte damit eine Höchstgeschwindigkeit von 50 km/h und verbrauchte 37 l Benzin auf 100 Kilometer. Die große Doppelstoßstange, genannt „Casco-Puffer", war damals vielfach verbreitet. Es war eine aus wassergefüllten Gummischläuchen bestehende Sicherheitsstoßstange, die die Eigenschaft hatte, bei einem Aufprall von mehr als 20 km/h zu platzen. Diese schweren, noch offen ausgeführten Feuerwehr-Fahrzeuge der ausgehenden 20er Jahre gehörten zweifellos zu den schönsten und beeindruckendsten Konstruktionen, die je gebaut wurden. (01)

Magirus

Magirus-Ueberland-Auto-Mannschafts- und Geräte-Wagen Modell „Dorsten"
$2\frac{1}{2}$ – 3 to, mit aufgeprotzter Zweirad-Motorspritze 800/1000 l Minutenleistung.

Codewort: Spugnolo.

In vielen Bezirken kann der Geländeverhältnisse wegen mit der fest im automobilen Fahrgestell eingebauten Spritze nicht überall ans Wasser gefahren werden; es ergab sich das Bedürfnis, mit dem Auto eine leichte, wendige Spritze, die Zweiradmotorspritze, mitzuführen. Gegen das Anhängen bestehen verschiedene Bedenken: Schleudergefahr, erschwertes Manövrieren, insbesonders beim Rückwärts= fahren, große Fahrzeuglänge usw. Diese Nachteile vermeidet das neue Magirus=Modell »Dorsten« und bringt gegenüber bekannten ähnlichen Ausführungen den Vorzug, einer sehr niedrigen Schwerpunkts= lage. — Das Auf= und Abfahren der unabhängigen Zweirad=Motorspritze kann schnell und sicher erfolgen.

Das Magirus=Niedrig=Fahrgestell ist zufolge seiner großen Belastungsfähigkeit und seiner be= sonderen Konstruktion für diesen Spezialfall ganz besonders gut geeignet. — Der Rahmen ist verstärkt und über der Hinterachse gekröpft. — Die nach unten und oben wirkende Doppelfederung beschränkt die Erschütterungen und Stöße auf das geringste Maß. — Bei Verwendung als **Mannschafts-Transportwagen** können an Stelle der Spritze 16 Personen befördert werden.

Die vorhandenen 2 Schlauchwagen, 2 Schlauchhaspel und 1 Schlauchmulde fassen insgesamt 200 m Normalhanfschlauch C und 450 m Normalhanfschlauch B, sodaß das Fahrzeug als das Ideal einer Bezirksspritze angesehen werden kann.

Magirus Feuerwehrgeräte G. m. b. H.

Ulm a. D.	Berlin W 10	München	Düsseldorf
Schillerstr. 2	Viktoriastr. 30	Schwanthalerstr. 70	Geibelstr. 39

Oben: Autodrehleiter auf Magirus-3-t-Chassis M 30 (Sechszylinder-70-PS-Vergasermotor) mit 24-m-KL-Ganzstahlleiteraufbau (damalige Werksbezeichnung) und Goliath-II-Tragkraftspritze der FF Oschatz. Der Fahrgestelltyp M 30 gehörte zu einer neuen Lkw-Generation, die Magirus 1931 vorgestellt hatte. Das kleine Hakenkreuzfähnchen auf dem linken Kotflügel deutet auf das Aufnahmedatum, den 8. 9. 1933, hin. (01)

Linke Seite: Zu Beginn der 30er Jahre ging Magirus im Drehleiterbau vom Werkstoff Holz auf Stahl (geschweißte Stahlprofile) über. Hier eine DL 20 mit aufgebauter KL-Stahlleiter (mit Fahrstuhl) auf dem leichten Magirus-M 20-(M 1)-Fahrgestell (Sechszylinder-Vergasermotor, 60 PS, 4253 cm^3 Hubraum) in einer am 16. 6. 1932 entstandenen Aufnahme. (01)

1932 entstand für die Feuerwehr Ixelles bei Brüssel mit an Sicherheit grenzender Wahrscheinlichkeit bei Magirus die erste Dreiachs-Drehleiter der Welt auf einem 6×4-Fahrgestell des belgischen Lastwagenherstellers Miesse. Es war eine K-30-Stahlleiter mit 38 m Auszugslänge, die unter der Kommissions-Nr. 28367 erstellt wurde. Im übrigen die erste Stahlleiter, die in die Benelux-Länder verkauft werden konnte. Das hier am 21. 11. 1932 im Rohbau aufgenommene Fahrzeug ist an den Hinterachsen aus Stabilitätsgründen noch hartgummibereift, während die Vorderachse bereits Luftbereifung besitzt. Das Leiterfahrzeug blieb ein Einzelstück, und der Leiterpark wurde 1954, nachdem das Miesse-Fahrgestell verschlissen war, auf ein schweres Magirus-S-6500-Rundhauber-Chassis gesetzt. In diesem Zustand stand die Drehleiter noch Anfang der 90er Jahre bei der Feuerwehr Temse im Einsatzdienst. (01)

In den 30er Jahren war das Löschverfahren mittels Luftschaum bei deutschen Feuerwehren weit verbreitet, denn es bot bei seiner Anwendung gegenüber dem herkömmlichen Löschen mit Wasser eine Reihe von Vorzügen wie Verringerung des Wasser- bzw. Sachschadens, starke Rauchverminderung, Unschädlichkeit und große Haftfähigkeit an glatten und senkrechten Wänden. Deshalb wurden viele Automobilspritzen mit Luftschaumvorbaupumpen bestückt; diese Fahrzeuge bezeichnete man zeitweise bei Magirus auch als „Luftschaum-Autospritzen". Hier ein solches Fahrzeug der FF Jüterbog, mit vor dem Kühler angebauter Luftschaumpumpe LS II mit 2000 l Pumpleistung auf Magirus M-25-S-Fahrgestell (Sechszylinder-S-88-Vergasermotor, 65 PS, 4559 cm^3 Hubraum, 50 km/h Höchstgeschwindigkeit) bei einer Löschübung an einem Opel-Pkw. Es besaß einen Wassertank von ca. 400 Litern sowie einen Schaumflüssigkeitsbehälter von ca. 100 Litern, womit der Luftschaum erzeugt werden konnte. (01)

Großauftrag für die BF München: Sechs Automobilspritzen mit zweistufigen 1500-l-Heckeinbaupumpen für 11 Mann Besatzung auf Magirus M-40-S-Niederrahmenfahrgestellen mit 4,5 t Rahmentragfähigkeit vor der Ablieferung am 12. 11. 1932. Die fast acht Tonnen schweren Fahrzeuge waren noch offen ausgeführt und mit Sechszylinder-Vergasermotoren mit 110 PS und 7793 cm^3 Hubraum bestückt. Die Höchstgeschwindigkeit betrug 60 km/h bei einem Benzinverbrauch von 45 l auf 100 Kilometer. Schnell noch ein Erinnerungsfoto mit Abgesandten der Münchener Branddirektion in der lichtdurchfluteten Werkhalle, bevor die Fahrzeuge auf Fahrt gehen. (01)

24-m-Ganzstahl-Autoleiter der Freiwilligen Feuerwehr Pirna, aufgenommen am 5. 11. 1933. Das auf dem 3,5-t-Chassis Magirus M 27 L aufgebaute Fahrzeug ist noch offen ausgeführt. Es besitzt aber bereits ein 65-PS-Dieselaggregat. Hakenkreuzfähnchen auf dem linken, vorderen Kotflügel und Reichsadler vor der Kühlerattrappe sind ein deutliches Zeichen dafür, daß auch die Feuerwehren bereits kurz nach der Machtergreifung Hitlers in den Sog des neuen Regimes gerieten. (01)

Dieses am 15. 9. 1934 entstandene Foto dokumentiert, daß auch Mitte der 30er Jahre noch sehr viele Feuerwehrfahrzeuge in offener Bauweise hergestellt wurden. Links eine 1500-l-Automobilspritze mit als Vorbaupumpe ausgeführter Luftschaumpumpe LS II für die BF Oberhausen, die weder über ein Segeltuchverdeck noch über Quersitze verfügt. Daneben die an die FF Landau/Pfalz gelieferte DL 24, ebenfalls mit Vorbaupumpe ausgerüstet, mit Sechszylinder-70-PS-Vergasermotor auf M 30 L, die bis 1974, also 40 Jahre, im Einsatz stand. Das im Originalzustand erhaltene Fahrzeug existiert noch heute als Museumsexponat. (01)

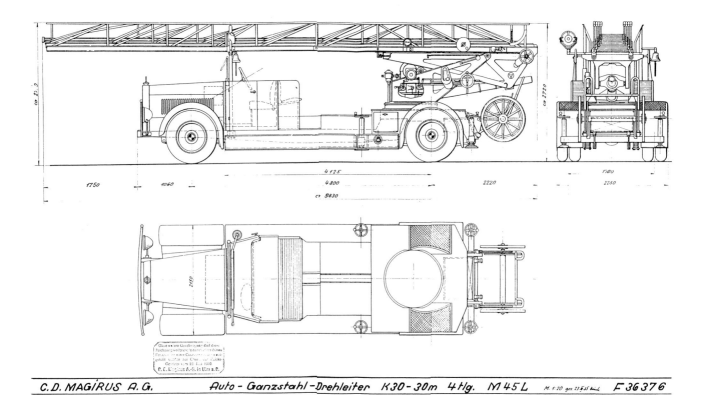

Unten: Autodrehleiter K 30 der FF Amberg mit 30 m Steighöhe und 1500-l-Vorbaupumpe PV bei der Verwendung als Kran, fotografiert am 12. 6. 1934. Als Fahrgestell diente das Magirus-M-45-D-Chassis mit Sechszylindermotor und 110 PS. (01)

Rechte Seite: Magirus-Automobilspritzen und -Autodrehleitern im Einsatz beim Großbrand eines Hotel- oder Bankgebäudes in Bukarest/Rumänien am 15. 6. 1927. (01)

Kleinautospritze auf dem Eintonnen-Magirus-M 10-Chassis der FF Blaubeuren in einer Aufnahme vom 22. 1. 1934. Der Typ M 10 war das kleinste Modell – ein sog. Leicht-Lastwagen – der neuen, 1931 vorgestellten Lastwagenreihe von Magirus und besaß einen 15-PS-ILO-Zweitaktmotor (später 18 PS) und war das erste von Magirus gebaute Frontlenkerfahrzeug. Im Fahrzeugheck war eine 500-l-Feuerlöschpumpe Pl a fest eingebaut, während eine Kleinmotorspritze vom Typ Goliath II mit 500–600 l Pumpleistung bei 60 m Förderhöhe aufgeprotzt war. Das Fahrzeug konnte acht Mann befördern, und auf dem Leitergerüst waren verschiedene Ausrüstungsgegenstände gelagert. Besonders geeignet waren diese kleinen Fahrzeuge für den Feuerschutz von Dörfern und Kleinstädten sowie im Werkfeuerwehrdienst. Der Landkreis Hannover stellte u. a. eine Anzahl dieser Fahrzeuge in den Dienst der ländlichen Löschhilfe. (01)

Auto-Revisionswagen auf Magirus M 20 V, geliefert an die Provinzial-Feuerversicherungsanstalt der Rheinprovinz, in einer Aufnahme vom 15. 11. 1934. Das Fahrzeug für zwei Tonnen Nutzlast besaß das Vierzylinder-45-PS-Dieselaggregat V 88 R (das R stand für Rohölmotor) und konnte eine Tragkraftspritze aufnehmen. Dem Vernehmen nach war dies das erste Feuerwehrfahrzeug mit Dieselmotor von Magirus. Ein Revisionswagen war ein Spezialfahrzeugtyp zur Prüfung von Pumpen und Motorspritzen mit vollständig eingerichteter Werkstatt, sämtlichen Ersatzteilen für Motoren und Pumpen, Prüf- und Meßinstrumenten, sowie Schlafeinrichtungen für Monteure. (01)

Auto-Mannschaftswagen mit Kleinmotorspritze der FF Sorau, aufgenommen am 8. 11. 1934. Das Fahrzeug war ein ehemaliger Pkw Marke Dux 17/50 PS, Typ S, von 1924, der mit einem Vierzylinder-50-PS-Vergasermotor mit 4396 cm³ Hubraum bestückt und von Magirus als preiswerte Lösung eines Feuerwehrfahrzeuges umgebaut worden war. Die Firma Dux-Automobil-Werke AG, Leipzig-Wahren, ging 1927 in Konkurs. (01)

Automobilspritze der Feuerwehr Heilbronn mit 1500-l-PV-Heckpumpe auf Magirus M 27 S (Sechszylinder-S-88-Vergasermotor, 65 PS), fotografiert am 7. 6. 1934. Fahrer- und Mannschaftsraum waren immerhin schon mit einem Segeltuch-Faltverdeck ausgerüstet. Im übrigen wurde bis Mitte der 30er Jahre noch fast jedes Feuerwehrfahrzeug „nach Maß", also nach den individuellen Vorgaben des Bestellers, konstruiert, so daß hinsichtlich Bauausführung, Gestaltung und Bestückung überall mehr oder weniger große Unterschiede bestanden. (01)

Die Berufsfeuerwehr Hannover erhielt im Juni 1932 einen Gerätewagen, der intern als Pionierwagen PW 1 bezeichnet wurde und speziell bei Verkehrsunfällen und anderen technischen Hilfeleistungen eingesetzt werden sollte. Als vermutlich erstes Feuerwehrfahrzeug in Deutschland besaß der Gerätewagen ein vom Fahrzeugmotor angetriebenes Spill. Bei einer Fahrzeuglänge von 9,80 m betrug das Leergewicht mehr als acht Tonnen. Neben umfangreichem Gerät aller Art waren 10 Mann Besatzung vorgesehen. Als Chassis diente das Magirus-M-50-Fahrgestell mit Sechszylinder-Vergasermotor und 110 PS. Hier zu sehen bei einer Belastungsprobe mit 5000 kg Last am Spill, die am 26. 4. 1932 noch bei Magirus stattfand. Der durch seine geschlossene Bauweise schon recht modern wirkende Pionierwagen wurde erst 1959 ausgemustert. (01)

Die Berufsfeuerwehr Plauen beschaffte Anfang der 30er Jahre neue Fahrzeuge von Magirus. Dazu gehörte der links gezeigte Pionierwagen, der zusammen mit der 26-m-Drehleiter am 23. 12. 1933 fotografiert wurde. Beide Fahrzeuge wurden auf dem Viertonnen-Niederrahmenfahrgestell M 45 mit 110 PS aufgebaut. Der Pionierwagen besaß eine Luftschaumvorbaupumpe L S II und am Rahmenende eine Hochdruckpumpe mit 2400 l/min Leistung bei 30 bar pro Minute. Das Heckspill besaß eine Zugkraft von 10 t. Umfangreiches technisches Gerät ergänzte die Ausrüstung. (01)

Noch offen und mit Quersitzen ausgeführt war diese am 3. 6. 1935 aufgenommene Autospritze auf Magirus M 27, ausgerüstet mit 1500-l-PV-Feuerlöschpumpe am Heck. Besteller dieses unter der Kommissions-Nr. 27257 hergestellten Fahrzeuges war die Reichsführung SS, Konzentrationslager Dachau. (01)

Die hier gezeigte Autospritze auf Magirus-M-45-S-Niederrahmenfahrgestell für die BF München war ähnlich aufgebaut und wurde am 26. 1. 1935 in Dienst genomen. Das Fahrzeug war zusätzlich zu der heckseitig installierten 1500-l-Pumpe vor der Motorhaube mit einer Luftschaumpumpe L S II bestückt, die 2000 l/min bei 80 m Förderhöhe leistete. Ein 300-l-Wassertank sowie ein 100-l-Schaummittelbehälter befanden sich am Rahmenende, und 11 Sitzplätze waren auf dem Fahrzeug vorhanden. Insgesamt wurden 700 m Schlauchmaterial mitgeführt. Der damalige Kaufpreis betrug ca. 31 500 Reichsmark. Dieses am 20. 1. 1935 abgelichtete schwere Löschfahrzeug dürfte zu den letzten Exemplaren gehört haben, die in der offenen Bauweise für Berufsfeuerwehren in Deutschland geliefert worden sind. (01)

Diese Seite zeigt Kraftfahrspritzen mit offenen Mannschaftsplätzen, die noch in der zweiten Hälfte der 30er Jahre an Feuerwehren geliefert wurden. Es war die Bauart KSV 115.0, die vorzugsweise für den Export bestimmt war. Bei beiden Fahrzeugen sind die Geräteräume bereits kofferartig mit einem Kasten umgebaut und so deren Inhalt vor Witterungseinflüssen und Verschmutzungen geschützt. Während sich auf der Führersitzbank drei Sitzplätze befanden, konnten im daran angeschlossenen Mannschaftsraum acht Besatzungsmitglieder auf zwei Querbänken untergebracht werden. Auf der Dachgalerie befanden sich Schiebleiter, Klappleitern, Einreißhaken und Krankentrage. Das obige, am 21. 11. 1936 abgelichtete und auf Magirus M 30 aufgebaute Fahrzeug verfügt über eine mittels Jalousienverschlüssen zugängliche 1500-l-Pumpe am Rahmenende und wurde an die FF Delmenhorst geliefert. Unten eine Autospritze, ausgeführt mit Vorbaupumpe gleicher Leistung, auf Magirus-M-27-Chassis in einer Aufnahme vom 3. 2. 1938. Dieses Fahrzeug wurde an die Feuerwehr Hongkong exportiert. (beide 01)

Mitte der 30er Jahre setzten vom Staat gelenkte und geförderte Vereinheitlichungsmaßnahmen hinsichtlich Fahrzeugen und deren Ausrüstung ein. Für die Belange des Luftschutzes wurden schon ab 1934 sogenannte „Einheitskraftfahrspritzen" entwickelt und bei verschiedenen Feuerwehren erprobt. Darüber hinaus begannen sich immer stärker die geschlossenen Aufbauten durchzusetzen. In dieser Zeit konnte aber von einheitlichen Fahrzeugbeschaffungen noch keine Rede sein, denn hinsichtlich Fahrgestellen und Aufbaugestaltung war ein großer konstruktiver Spielraum gegeben. Oben ein am 24. 2. 1935 aufgenommenes, als „Mannschaftswagen" (für 11 Mann Besatzung) bezeichnetes Fahrzeug auf M 25 S der FF Kulmbach-Blaich, das eine heckseitig eingeschobene tragbare Kraftspritze mitführte. Darunter eine Autospritze mit Vorbaupumpe auf dem Viertonner M 27 S, geliefert an die Feuerwehr der Stadt Erlangen, in einer Aufnahme vom 10. 7. 1936. Beide Fahrzeuge verfügten über kleine Kofferaufbauten, die sich über der Hinterachse befanden. Darin lagerten die tragbare Kraftspritze und Ausrüstungsgegenstände. (beide 01)

Auf dieser Doppelseite einige weitere, ab 1936 von Magirus gebaute, mittelschwere Löschfahrzeuge in unterschiedlichen Bauausführungen, aber mit der Gemeinsamkeit der geschlossenen Bauform. Die hier als Beispiel gezeigten Aufnahmen verdeutlichen den langen Weg, bis das endgültige Aussehen der Kraftfahrspritzen der späten 30er Jahre gefunden wurde und von einer gewissen Serienbauart gesprochen werden konnte. Das Fahrzeug links oben wurde am 18. 3. 1937 fotografiert und besitzt einen besonders geräumigen Mannschaftsraum, 1500-l-Vorbaupumpe und vermutlich eine im heckseitigen Geräteraum eingeschobene, tragbare Kraftspritze. Die Indienststellung dieses auf M 27 erstellten Wagens erfolgte durch die Feuerwehr der Kreisstadt Templin. Darunter ein am 22. 7.

1936 abgelichteter Mannschaftswagen auf M 30-Chassis, mit sehr fortschrittlich gestaltetem, durchgehend geschlossenem Mannschafts- und Geräteaufbau und 1500-l-Heckpumpe, geliefert an die Berufsfeuerwehr der IG Farbenindustrie, später Bayer-Werke, Leverkusen. Während das rechts oben abgebildete Fahrzeug als Mannschaftswagen von der Feuerwehrschule Waldenburg (Aufnahmedatum 9. 5. 1936) beschafft wurde, ging das darunter gezeigte Fahrzeug – eine Kraftfahrspritze (KS) 15 – an die Feuerlöschpolizei Hindenburg in Oberschlesien (aufgenommen am 29. 9. 1938). Es ist in der nunmehr endgültigen Bauweise (mit abgesetztem Geräteaufbau und seitlich offenen Pumpenabgängen) gehalten. (alle 01)

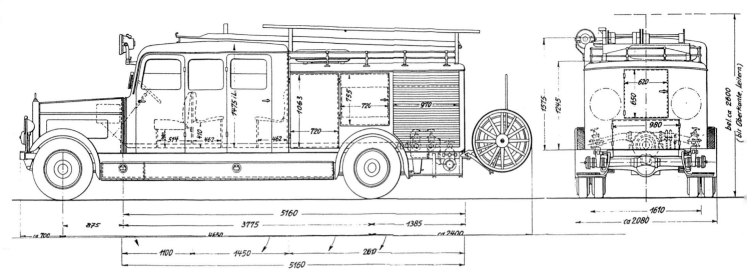

Magirus-Kraftfahrspritze KS 15 der Einheitsbauart mit seitlichen Lamellenverschlüssen am Heck. (03)

Rechte Seite oben: M-40-S-Spritzen-Fahrgestell, für Kraftfahrspritze (KS) 25 (mit 300-l-Löschwasserbehälter und 2500-l-P-VI-Feuerlöschpumpe am Heck) für die Berufsfeuerwehr Köln auf dem Magirus-Werksgelände am 13. 11. 1937. Die kräftige Ausbildung des Fahrzeugrahmens sowie die Kardanwelle (für den Hinterradantrieb) sind gut zu erkennen. Dieses Viertonnen-Chassis war mit einem Sechszylinder-Dieseltriebwerk mit 90 PS bestückt. (01)

Autospritze auf Magirus M 30 der Feuerlöschpolizei Koblenz in der oben gezeigten Bauform in einer Aufnahme vom 19. 8. 1936. Abweichend davon besitzt dieses Fahrzeug seitliche Hecktüren gegenüber den Jalousien des Fahrzeugs auf der Zeichnung, unter der sich die 1500-l-Feuerlöschpumpe P V verbarg. Auch die werksseitig unterschiedlich verwendeten Fahrzeugbezeichnungen verdeutlichen, daß eine einheitliche Normung und Begriffsbestimmung noch nicht erreicht war. (01)

Rechte Seite unten: Tragkraftspritzenanhänger und tragbare Motorkraftspritzen vom Typ Goliath in der Fertigung bei Magirus 1938. (01)

Die Entwicklung der schweren Kraftfahrspritzen mit 2500-l-Pumpen erfolgte in Anlehnung an die auf den vorhergehenden Seiten gezeigten leichten Modelle. Maßgeblicher Betreiber dieser Entwicklungen war das Reichsluftfahrtministerium (RLM), das leistungsfähige Fahrzeuge für die Belange des Luftschutzes benötigte. Aber auch viele städtische Feuerwehren beschafften diese nach mehr oder weniger einheitlichen Richtlinien ausgeführten schweren Löschfahrzeuge, wobei es, den Wünschen des Bestellers entsprechend, individuelle Gestaltungsmöglichkeiten gab. Am 18. 10. 1936 entstand die Aufnahme der KS 25 auf M 37 S links oben, die von der Feuerlöschpolizei Bielefeld beschafft wurde. Bestückt war das Fahrzeug vorn mit einer Luftschaumpumpe LS IV und am Heck mit einer Feuerlöschpumpe der Klasse P VI mit 2500 l Pumpleistung. Das Fahrzeug darunter, aufgenommen am 5. 7. 1936, werksseitig noch als „Autospritze auf M 45 S" bezeichnet, ging an die Städt. Branddirektion München und war – abweichend vom Regelfall – mit einer Feuerlöschpumpe mit nur 1500 l/min bei 80 m Förderhöhe ausgerüstet. Was den Auftraggeber dazu bewogen

hatte, Pumpen mit relativ niedriger Leistung einbauen zu lassen, ist nicht überliefert. Ferner besaß das Fahrzeug, das zu einer Beschaffungsserie von drei Exemplaren gehörte, einen 400-l-Wasserbehälter. Der damalige Stückpreis lag bei ca. 30 000 Reichsmark. Die Feuerlöschpolizei Erfurt erhielt im gleichen Jahr die rechts oben abgebildete „Autospritze mit Schaumpumpe LS IV" (als Vorbaupumpe vor dem Kühler) auf M 45 S. Dieses Fahrzeug fällt durch seine vollendete Formgebung mit durchgehenden Mannschafts- und Geräteräumen, kleinen Klappen im oberen Aufbauteil, sowie durch Lamellen verschlossene Heckpumpenzugänge auf. Vom 3. 2. 1937 stammt die Aufnahme darunter, die eine „M 40-Autospritze" der Feuerlöschpolizei Berlin zeigt, deren Aufbau in der endgültigen KS 25-Aufbauausführung gehalten ist. Dieser Aufbau wurde auch beim nachfolgenden Magirus-M 145-Fahrgestell verwendet. Beachtenswert sind auch hier die unterschiedlichen Werksbezeichnungen. (alle 01)

Für den Feuerschutz auf den Flugplätzen der in den 30er Jahren aufkommenden Zivil- und Militärluftfahrt, sowie für besondere Einsatzzwecke, wurden Tanklöschfahrzeuge, damals als „Tankspritzen" bezeichnet, benötigt. Viele dieser Fahrzeuge gingen in den Export, wie die hier gezeigte „Autotankspritze 2300 ltr.", die unter der Kommissions-Nr. 906987 auf dem Dreitonnen-Chassis Magirus FS 30 a (Sechszylinder-Diesel, 70 PS) für die jugoslawische Feuerwehr Beograd (Belgrad) gefertigt wurde. Das Fahrzeug war mit einer 1500-l-Heckpumpe ausgerüstet; der Löschwasservorrat betrug 2300 l. Das Aufnahmedatum – der 10. 7.1940 – zeugt davon, daß auch während des Krieges die Exportfertigung nicht gänzlich eingestellt worden war. (01)

Die Werkfeuerwehr der Siebel-Flugzeugwerke, Halle/S., erhielt ein Jahr zuvor eine Tankspritze auf FS-30-a-Fahrgestell mit ähnlichem Aufbau. Im Gegensatz zum Fahrzeug der vorherigen Aufnahme besaß dieses Modell eine 1500-l-Vorbaupumpe. Der genaue Inhalt des Wassertanks ist leider nicht überliefert. (01)

Magirus fertigte über den reinen Feuerwehrbereich hinaus auch Aufbauten für Spezialfahrzeuge. Hier ein am 23. 11. 1936 aufgenommener Kompressorwagen mit M 30-Chassis (Sechszylinder-Diesel, 70 PS), der an die Kriegsmarinewerft Wilhelmshaven geliefert wurde. Zur Verwendung kam ein serienmäßiger Lkw mit erhöhten Seitenwänden der Ladefläche und eingebautem Kompressoraggregat heckseitig über der Hinterachse. (01)

Am 1. 3. 1939 entstand diese Abbildung eines „Waldbrandwagens" auf Magirus M-30-a-Chassis mit 70-PS-Motor, geliefert an das RLM, Berlin. Dieser Fahrzeugtyp war zum Einsatz in Gebieten mit größeren Waldbeständen vorgesehen. Die Ausrüstung war entsprechend angepaßt, sie bestand überwiegend aus „Waldbrandgeräten" wie Spaten, Feuerpatschen, Holzäxten, Kreuzhacken und Sägen. Die Besatzungsstärke betrug etwa 9–10 Mann. Äußerlich recht ähnlich war das Zugfahrzeug für die Luftschaumspritze, das bei den Feuerschutzgruppen auf den Fliegerhorsten der Luftwaffe eingesetzt wurde. (01)

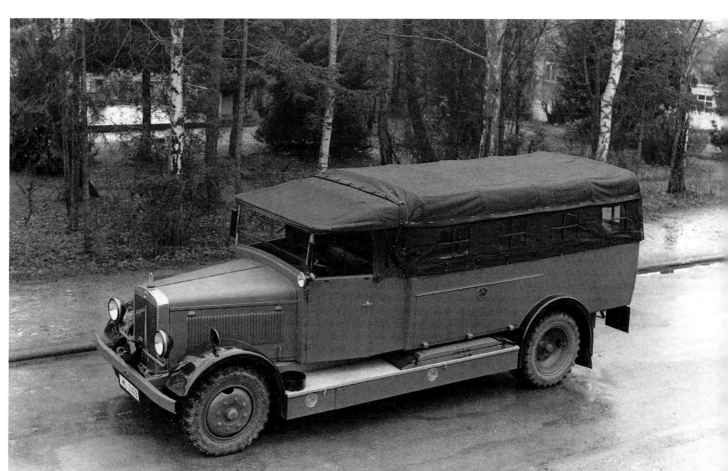

Ab 1936 wurden neue Feuerwehrfahrzeuge in Deutschland zügig beschafft. Hier eine Magirus-Kraftfahrspritze (KS) 25 auf M 37 S mit 2500-l-Vorbaupumpe vom Typ P VI vor der Auslieferung an die Feuerlöschpolizei Hannover. Die gewaltige, schwere Frontpumpe läßt die großen zusätzlichen Anstrengungen erahnen, die der Fahrer eines solchen Fahrzeugs ohne Lenkhilfe aufwenden mußte. (01)

Revisionswagen der Hessischen Brandversicherungsanstalt, Kassel, auf Magirus M 27 (Sechszylinder-Dieselmotor S 88 D, 70 PS) in einer Aufnahme vom 19. 11. 1936. (01)

Besonders bullig wirkt die abgebildete, noch offen ausgeführte „Autotankspritze" (Flugfeld-Kraftfahrtankspritze) auf Magirus M 45 S mit der 2500-l-Vorbaupumpe und den auf den vorderen Kotflügeln arretierten Comet-Luftschaumrohren. Das am 18. 4. 1937 fotografierte und von der Werkfeuerwehr der Heinkel-Werke, Oranienburg, geordertes Fahrzeug besaß ein Sechszylinder-Dieseltriebwerk mit 110 PS unter der Motorhaube und einen Löschwassertank von 3000 l Inhalt. (01)

Sanitäts- und Krankentransportfahrzeuge waren ebenfalls bei Magirus zu bekommen. Als Beispiel dieser Krankenwagen auf Magirus M 20 (Vierzylinder-Diesel, 45 PS, 3041 cm^3 Hubraum), aufgenommen im November 1936, den die Feuerlöschpolizei der Lutherstadt Wittenberg beschaffte. In diesem Fahrzeug war Platz für zwei Krankentragen, ferner waren neben Sitzen für Begleiter und Leichtverletzte auch Wascheinrichtung und Medikamentenschrank vorhanden. (01)

Geländegängige Autospritze auf dem seit 1933 lieferbaren Dreiachsfahrgestell des Magirus-Sechsradwagens (6×4) vom Typ M 206 S mit 1500-l-Vorbaupumpe, geliefert 1937 an die Feuerlöschpolizei der Marktgemeinde Berchtesgaden, bei einer Vorführung am 2. 4. 1937. Das 1,5-t-Fahrgestell war mit dem Sechszylinder-70-PS-Vergasermotor vom Typ S 88 mit 4562 cm³ Hubraum bestückt. Zum Fahrzeug gehörte noch ein entsprechender Tragkraftspritzenanhänger. (01)

Fahrzeuge der Feuerwehr der Stadt Wilhelmshaven in einer Aufnahme vom 5. 6. 1935 nach der Rohbauabnahme. Von links: „Einheitskraftfahrspritze" (KS 15) mit am Rahmenende eingebauter 1500-l-Hinteneinbaupumpe auf Dreitonner M 30 S (Fabrik-Nr. des Fahrgestells: 43 340/58), Magirus-Viertakt-Vergasermotor, Typ S 88, 70 PS, 4530 cm³ Hubraum, Fabrik-Nr. 13830. Das Fahrzeug wurde unter dem Kfz-Kennzeichen Pol-34360 in Dienst gestellt, ab 1943 als LF 15 bezeichnet und in den 60er Jahren als LF 16 geführt. In der Mitte die „Auto-Ganzstahldrehleiter KLS" (Kraftfahrdrehleiter mit Stahlleitersatz) mit 24+2 m Steighöhe mit offenem Führersitz, aufklappbarem Rücksitz und Podium auf Magirus M 30 L (Fabrik-Nr. 43340/59) und gleicher Motorisierung wie bei der KS 15 (Motor-Fabrik-Nr. 13831), mechanischer Bremse von C. D. Magirus, Luftbereifung 6 × 20", Länge 7900 mm, Breite 2070 mm, Höhe 2580 mm, Fahrzeugeigengewicht 5400 kg, zulässige Belastung 950 kg, Zahl der Sitze: 7. Die Drehleiter wurde zu einem Listenpreis von 24 287,40 RM beschafft und unter dem Kfz-Kennzeichen: Pol-34359 in Dienst gestellt. Die Abmeldung erfolgte am 21. 9. 1966. Im Oktober des gleichen Jahres wurde das Fahrzeug an einen Schrotthändler verkauft und mit an Sicherheit grenzender Wahrscheinlichkeit zerschnitten. Ganz rechts schließlich ein „Autorüstwagen" zur technischen Hilfeleistung mit Dreitonnen-Heckspill, ebenfalls auf Magirus M 30 S. (01)

Anfang 1940 gelangte ein Großauftrag für die griechische Feuerwehrmission (Königlich Griechisches Ministerium für Staatssicherheit) in Athen über insgesamt 4 Drehleitern DL 26+2 m und jeweils 20 Autotankwagen mit 2500-l-Wassertank und Autospritzen bei Magirus zur Auslieferung. Alle Fahrzeuge waren mit 2500-l-Vorbaupumpen ausgerüstet und auf FL- bzw. FS-45-Fünftonnen-Fahrgestellen (Sechszylinder-Diesel, 105 PS, 7540 cm^3 Hubraum) aufgebaut. Während auf der oberen am 20. 1. 1940 entstandenen Aufnahme jeweils ein Musterfahrzeug zu sehen ist, zeigt das untere Bild einen Teil der Fahrzeuge während der Verladung auf dem Ulmer Güterbahnhof am 30. 1. 1940. Der aus Rungenwagen bestehende Güterzug wird von einer E-gekuppelten (mit 5 Treibachsen) Güterzugtenderlokomotive der Reichsbahn-Baureihe 94[5], (ehem. preußische T 16[1]), gezogen. (beide 01)

Automobildrehleiter Typ KLH 20 der Feuerlöschpolizei Schwandorf auf LK-Fahrgestell von Hansa-Lloyd in einer Aufnahme vom 3. 9. 1938. Das LK-Fahrgestell war die Feuerwehrsonderausführung „F" eines Lastkraftwagenmodells der Hansa-Lloyd-Goliath-Werke AG (später Borgward), Bremen, und wurde bis 1940 in einer Serie von 170 Stück, ausgerüstet mit Sechszylinder-Benzinmotoren des Fabrikats Hansa Typ H 3500 mit 60 PS, mit Magirus-Feuerwehraufbauten versehen. Die vorgezogene Stoßstange und die unterhalb des Kühlers befindliche Aussparung für die Pumpenwelle läßt erkennen, daß der Anbau einer Vorbaupumpe noch aussteht. (01)

Frontaufnahme einer 1935 gebauten und von der Feuerlöschpolizei Wuppertal beschafften Kraftfahrdrehleiter mit 30+2 m Auszugslänge auf Magirus-M 45 L-Chassis (Sechszylinder-Diesel, 110 PS, 7412 cm³ Hubraum, mit einem alarmbereiten Gesamtgewicht von 9800 kg und einer Höchstgeschwindigkeit von ca. 70 km/h), die noch 1983 bei der Betriebsfeuerwehr der Bemberg-Werke (Enka), Wuppertal-Barmen, im Einsatz stand. Es war die erste Wuppertaler DL mit Fahrer- und geschlossenem Mannschaftsraum für sechs Mann und Luftbereifung und war seinerzeit auf der Feuerwache Heidter Berg in Barmen stationiert. Von 1956 bis zum 1965 erfolgten Verkauf an den neuen Besitzer fungierte das Fahrzeug als Reserveleiter in Barmen. 1983 erfolgte die Außerdienststellung und Überstellung in das Deutsche Museum München, wo dieses seltene Exponat noch heute zu bewundern ist. (05)

Zwei Kraftfahrspritzen auf den sog. LK-Fahrgestellen, die bis in die 80er Jahre überlebt haben. Oben eine Kraftfahrspritze KS 15 von 1936, der FF Gernsheim, mit dem kurzen Radstand der 3. Bauserie, ausgerüstet mit der zweistufigen 1500-l-Vorbaupumpe vom Typ P V 215, dort aufgenommen im April 1982. Das 60 PS starke Hansa-Antriebsaggregat H 3500 mit 3444 cm³ Hubraum war in der Lage, kurzzeitig 75 PS zu erzeugen. Die seinerzeit schon nicht mehr im Einsatzdienst stehende KS, die nach dem Krieg die Bezeichnung LF 15 erhielt, hatte zum Zeitpunkt der Aufnahme erst 9667 km auf dem Tacho. Solche geringen Fahrleistungen waren bei Feuerwehrfahrzeugen durchaus üblich. Das Fahrzeug darunter, eine mit gleichstarker P IV-Vorbaupumpe 1937 an die FF Erding gelieferte Kraftfahrspritze (KS) 15, entstammt der ersten LK-Bauserie (entstanden 1936/37), erkennbar am langen Radstand, und befand sich zuletzt bei der FF Wartenberg bis 1975 im Einsatz. Hier in einer bei einem Feuerwehrtreffen 1991 entstandenen Aufnahme. (beide 05)

Bis auf das fehlende Magirus-Emblem am Kühler noch weitgehend im Originalzustand, befand sich diese im Juli 1981 bei der Werkfeuerwehr der Göppinger Firma Schuler-Pressen noch im Dienst befindliche, nur noch auf dem Werksgelände zugelassene, DL 24+2 (K-30-Leitergetriebe) auf Magirus-M 30-Chassis. Ursprünglich im April 1938 an die FF Göppingen geliefert, stand sie dort bis 1964 im Dienst. Mittlerweile ist das Fahrzeug von der Göppinger Feuerwehr zurückerworben worden, die es für museale Zwecke hergerichtet hat. (05)

1935 bestellte die Stadt Hameln eine 24-m-Drehleiter auf M 30 L bei Magirus in Ulm, die am 17. 2. 1936 unter der Fabrik-Nr. 28824 der dortigen Feuerwehr übergeben wurde. Das Fahrzeug war noch mit offenem Fahrerhaus ausgeführt. 1954/55 wurde dieses in Eigenarbeit bzw. unter Mithilfe eines ortsansässigen Karosseriebetriebes mit einem geschlossenen Fahrerhaus versehen, was das ursprüngliche Aussehen des Fahrzeuges wesentlich veränderte. Dabei wurde die hintere Mannschaftssitzbank ebenfalls überdacht, aber an der Rückseite offen gelassen. Später wurden die ursprünglich vorhandenen seitlichen Gerätekästen unter den Trittbrettern ebenfalls entfernt. Nach Motorschaden mußte das Fahrzeug schließlich 1976 aus dem Einsatzdienst gezogen werden. Seit einigen Jahren gehört die DL einem Privatsammler, der diese wieder instand setzte. Hier zu sehen in einer Aufnahme vom Mai 1988. (05)

Kraftfahrdrehleiter KLH 20 m auf originalem Hansa-Lloyd-Fahrgestell (mit breiter Frontscheibe) vom Typ „Bremen IV", bestückt mit dem 60-PS-Vergasermotor H 3500 von Hansa, geliefert im September 1938 an die FF Wickrath bei Mönchengladbach. Im Hintergrund ein Magirus-Mannschaftswagen M 30. (01)

Autoleiter DL 24 auf Magirus-FL 30 a-Chassis, geliefert an die Feuerlöschpolizei Peine, in einer Aufnahme vom 8. 2. 1939. Beachtenswert ist das an der rechten Seite des Leiterstuhles befestigte Melderfahrrad. (01)

„Auto-Stahlleiter" mit 30+2 m Steighöhe und K 30-Leitergetriebe auf Magirus M 45 L (Sechszylinder-S-105-Dieselmotor mit 110 PS) und P-V(1500 l)-Vorbaupumpe, geliefert an die Berufsfeuerwehr Frankfurt/Main. Die Aufnahmen entstanden am 1. 6. 1935 auf dem Magirus-Werksgelände. (beide 01)

Rechte Seite: DL 26+2 m auf Magirus M 37 der Branddirektion Danzig, aufgerichtet und ausgefahren in einer am 10. 10. 1936 entstandenen Aufnahme. Auch 26 Meter sind schon eine schwindelerregende Höhe! (01)

Ab Mitte der 30er Jahre wurden verstärkt Kraftfahrdrehleitern in Anlehnung an die vom RLM veranlaßten Entwürfe auch von kommunalen Feuerwehren beschafft. Oben eine „Automobildrehleiter K 30" – wie in den Werksunterlagen festgehalten – also eine Kraftfahrdrehleiter mit K 30-Leitergetriebe und 30 m Steighöhe auf M 50 L-Chassis mit 110-PS-Sechszylinder-Dieselmotor, für die Feuerlöschpolizei Stettin, aufgenommen am 27. 7. 1936 vor dem Ulmer Münster. Die Aufnahme darunter zeigt sozusagen die Standard-Drehleiter dieser Epoche, eine DL 26+2, auf M 37 L-Fahrgestell, zusätzlich ausgerüstet mit einer Kleinmotorspritze vom Typ Goliath I a, fotografiert am 12. 2. 1936. Dieses Fahrzeug ging an die Freiwillige Turnerfeuerwehr Freiberg i. Sachsen. (beide 01)

57

Zur Jahresmitte 1938 modernisierte Magirus die Haubenverkleidungen der 4,5-t-Typen M 45 u. M 50, indem nun Kühlerblende und -verkleidung schräggestellt bzw. verrundet wurden. Außerdem kamen in diese Fahrzeugtypen – nun als L 145 bzw. L 150 bezeichnet – erstmals die neuen Deutz-Dieselmotoren (nach der 1936 erfolgten Fusion mit der Klöckner-Humboldt-Deutz-Motoren AG) zum Einbau. Am Verwendungszweck der Fahrgestelle änderte sich wenig. Eine Kraftfahrdrehleiter (KL) 26+2 m (mit Kraneinrichtung) auf dem 125-PS-Fahrgestell FL 145 für die Feuerlöschpolizei Münster ist hier in einer Aufnahme vom 30. 12. 1938 zu sehen. (01)

Unten: Ein besonders ansehnliches Fahrzeug ist diese am 15. 11. 1940 abgelichtete Kraftfahrdrehleiter (KL S 145 lt. Magirus-Lieferliste) mit 45+2 m Auszugslänge, K 30-Leitergetriebe und sechsteiligem Leiterpark, die an die jugoslawische Feuerwehr Beograd (Belgrad) am 25. 11. 1940 ausgeliefert wurde. Sie entsprach im wesentlichen den gewaltigen Drehleitern gleicher Auszugslänge, die Metz und Magirus an die Städte München, Hamburg, Berlin und Nürnberg lieferten. Hier verwendete man noch ein FL 145-Fahrgestell mit der alten, geraden Kühlerblende. Die Motorleistung des wassergekühlten Sechszylinder-Deutz-Dieselmotors F 6 M 516 betrug 125 PS bei 9112 cm³ Hubraum. Dieses Leiterfahrzeug ist mit einer Fahrstuhleinrichtung ausgerüstet und kostete damals rund 47 000 RM. Was mag aus diesem Fahrzeug wohl geworden sein? (01)

Auf die schweren Magirus-Fahrgestelle wurden auch Kraftfahrspritzen (KS) 25 aufgebaut, welche – im Gegensatz zu den späteren GLG-Typen – einen seitlich offenen Pumpenstand besaßen. Diese ab 1943 einheitlich als Löschgruppenfahrzeug bezeichneten Fahrzeuge wurden in großen Stückzahlen gebaut und im Krieg vornehmlich zum Luftschutz der Großstädte und Industriebetriebe eingesetzt. Auch nach Kriegsende gab es kaum eine größere Wehr, die nicht zumeist mehrere LF 25 im Bestand hatte. Anfang der 80er Jahre konnte man die wenigen noch im Einsatz stehenden Exemplare buchstäblich fast an fünf Fingern abzählen. Zu diesen wenigen Veteranen gehörte das oben abgebildete, 1940 gebaute LF 25 der FF Velbert auf FS 145-Chassis. Die Aufnahme vom September 1980 zeigt diesen mittlerweile 40 Jahre alten Boliden auf dem Hof der Velberter Hauptwache. An der rechts seitlichen Ausbuchtung der Motorabdeckung ist erkennbar, daß das Fahrzeug später ein luftgekühltes Antriebsaggregat erhalten hatte (vermutlich gab der wassergekühlte Sechszylinder seinen Geist auf). Glücklicherweise ist dieses Löschgruppenfahrzeug bis heute im Besitz des Feuerwehrmuseums Heiligenhaus erhalten geblieben. Ähnlich erging es dem darunter abgebildeten baugleichen, bereits am 25. 3. 1939 an die Freiwillige Feuerwehr Lindau gelieferten Fahrzeug, das nach der 1974 erfolgten Außerdienststellung noch mit Originalmaschine 1980 im ursprünglichen tannengrünen Farbanstrich restauriert wurde und sich seither in Sammlerhand befindet. (beide 05)

Hier eine weitere KS 25 auf Magirus FS 145 in einer beeindruckenden Ansicht vom 12. 4. 1939. Das Fahrzeug wurde an die Ordensburg Krössinsee geliefert (erkennbar am Großen Hoheitsadler, mit dem die Fahrzeuge der NSDAP und ihrer Gliederungen versehen waren). Die Kraftfahrspritze war mit dem Sechszylinder-Dieseltriebwerk F 6 M 516 mit 125 PS Leistung bestückt und besaß eine 2500-l-Heckeinbaupumpe. Fürwahr ein gewaltiges und imponierendes Feuerwehrfahrzeug! (01)

Kraftfahrspritze (KS) 25 (bezeichnet als LF 25/36) auf Magirus FS 145 (Sechszylinder-Diesel F 6 M 516 mit 125 PS) mit Metz-Aufbau, aufgenommen am 23. 10. 1943. Das gewaltige Fahrzeug mit der umfangreichen Dachbeladung besaß ein 2-B-Wendestrahlrohr auf dem Dach der Mannschaftskabine als Zusatzausrüstung (hier marschmäßig gelagert) und wurde von der 3. F. u. E.-Bereitschaft der Luftschutzpolizei Karlsruhe, möglicherweise auf einem Flugplatz oder Fliegerhorst, eingesetzt. Das auf einer Seitentür befindliche Schild „40 km" weist auf die während des Krieges begrenzte Höchstgeschwindigkeit für Feuerwehrfahrzeuge hin. Oberhalb des Beifahrerplatzes auf dem Fahrzeugdach befindet sich eine Trommel mit 25 kg Entgiftungsstoff. Seltener ist der Metz-Aufbau dieser KS 25, der offenbar das Resultat der gemäß Vertrag vom 12. 11. 1940 erfolgten Fusion zur „Magirus-Metz GmbH" ist. Fahrgestelle, Aufbauten und Pumpen wurden seinerzeit in verschiedenen Losen vergeben, so daß nicht unerhebliche Stückzahlen an KS 25 mit „Fremdaufbauten" entstanden. (06)

Nachkriegsaufnahme einer KS 25 (LF 25) auf Magirus FS 145 der Feuerwehr Leverkusen, die Anfang der 50er Jahre entstand. Im Hintergrund erkennbar ein neues TLF 15 in abgesetzter Bauform von Metz auf Mercedes-Benz LF 3500/42 und ein VW Typ 2 (Bulli) als TSF oder MTW. (02)

Fahrzeuge der Feuerschutzpolizei Köln vor der Feuerwache Altermarkt 1939: links eine KS 25 auf Magirus M 40, in der Mitte ein Mercedes-Benz-170-V als Vorfahrwagen, und rechts eine KL 26+2, ebenfalls auf Magirus M 40. Da die Farbfotografie damals noch in den Kinderschuhen steckte, hat dieses Bild einen hohen Seltenheitswert. (02)

Das Reichsluftfahrtministerium (RLM) gab für die auf zahlreichen neuen Fliegerhorsten zu bildenden Feuerschutzgruppen unterschiedliche Fahrzeugtypen in Auftrag. Dazu gehörte auch der sog. „Schlauchtender" (St), ein Fahrzeug, das hauptsächlich dafür vorgesehen war, die Tankspritze an der Einsatzstelle durch Legen von Schlauchleitungen mit Löschwasser über größere Entfernungen zu versorgen. Der Tender war gekuppelt mit dem einachsigen Schlauchtenderanhänger (StAh). Beide Einheiten waren mit insgesamt 420 m C-Rollschlauch und 660 m B-Schlauch ausgerüstet, wovon sich 330 m auf zwei großen, beidseitig in der Fahrzeugmitte befindlichen Schlauchhaspeln befanden. Mittels einer fest installierten Demag-Winde konnten diese abgeprotzt und durch zwei Luftschaumspritzen ohne Fahrgestell ersetzt werden, so daß der Schlauchtender auch als behelfsmäßige Tankspritze verwendbar war. Das Fahrzeug besaß ein zulässiges Gesamtgewicht von neun Tonnen und führte eine Besatzung von neun Mann mit. Insgesamt wurden 356 Schlauchtender gefertigt. Hier die am 20. 6. 1938 fotografierte Magirus-Ausführung auf Mercedes-Benz-LoS-3750-Niederrahmen-Chassis mit 95-PS-Sechszylinder-Dieselmotor. (01)

Schlauchkraftwagen der Bauart 1936 in der Magirus-Serienausführung (Baujahr 1937 oder 1939) auf M 45-Chassis (Sechszylinder-Diesel, 110 PS) der 4. F. u. E.-Bereitschaft der Luftschutzpolizei Köln während des Krieges. Die Beladung bestand aus insgesamt 1930 m Schlauchmaterial. Von diesem später als S 4,5 bezeichneten Modell wurden ungefähr 450 Stück gefertigt. Die großen Schlauchmengen dieser Fahrzeuge wurden aber auch dringend während der vielen Einsätze im Bombenkrieg benötigt. Der Schlauch-KW ist mit dem sog. Nachtmarschgerät, also mit Tarnscheinwerfer und Scheinwerferabdeckhauben (mit schmalen Lichtaustrittschlitzen) ausgerüstet. (02)

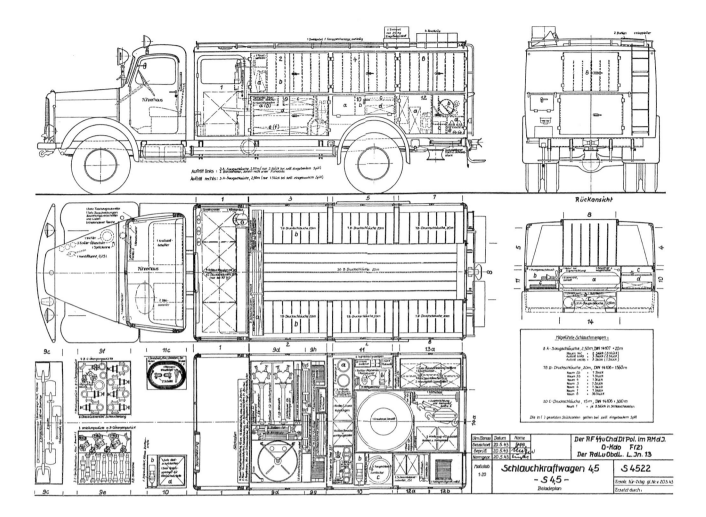

Großer Schlauchkraftwagen (GSK), der als getyptes Fahrzeug der 4,5-t-Nutzlastklasse gemäß Entwurf des Reichsministers des Inneren aufgrund der erlassenen „Anordnung über den Bau von Feuerwehrfahrzeugen" gebaut wurde. Diese Ausführung S 4,5/43 war bereits eine vereinfachte Version hinsichtlich der Einsparung von Metallen und anderen Werkstoffen. Die fehlenden Gerätekästen unterhalb der Trittbretter sorgten sowohl für einfachere Herstellung als auch für größere Bodenfreiheit. Das am 12. 5. 1943 fotografierte Fahrzeug war auf das Fahrgestell des Typs GS 145 (Sechszylinder-Diesel, 125 PS) – einer Neukonstruktion der Kriegszeit – aufgebaut. (01)

Die obere Abbildung zeigt eine am 2. 4. 1944 fotografierte, behelfsmäßig auf das Dreitonnen-Lkw-Pritschenfahrgestell des Magirus S 3000 montierte, handbetriebene DL 17. Dieses Fahrzeug wurde von einem wassergekühlten Vierzylinder-Dieselmotor mit 4942 cm^3 Hubraum und 70 PS angetrieben. Die Drehleiter dürfte als Arbeitsleiter (vermutlich nicht im Feuerwehrdienst) verwendet worden sein. Darunter eine schwere Drehleiter (SDL) DL 22+2, die für den Luftschutz beschafft wurde, auf dem 4,5-Tonnen-GFL-145-Fahrgestell, aufgenommen am 10. 9. 1943. Auch an diesem Fahrzeug ist rechts am Leiterstuhl das zur serienmäßigen Ausrüstung gehörende Melderfahrrad befestigt. Der Anstrich dieser DL 22/43 ist in sandgelb gehalten. (beide 01)

Am 10. 4. 1982 entstandene Gruppenaufnahme von Feuerwehrfahrzeugen der FF Kappelrodeck/Baden. Rechts eine 1943 auf dem 4–5-t-Niederrahmen-Fahrgestell des GFL 145 mit verlängertem Radstand (4,78 m) aufgebaute DL 32 (früher als große Drehleiter (GDL) bezeichnet), deren Aufbau erstaunlicherweise von Metz aus Karlsruhe stammt. Die Drehleiter stand bis in die 60er Jahre bei der BF Karlsruhe im Dienst, bevor sie 1974 von Kappelrodeck übernommen und für den weiteren Einsatz instandgesetzt wurde. Dieses Fahrzeug war u. a. auch bei dem spektakulären Krankenhausbrand in Achern eingesetzt. Das Fahrzeug erhielt irgendwann während seiner Dienstzeit einen luftgekühlten Ersatzmotor. Links daneben ein etwas jüngerer Veteran der Nachkriegsfertigung – ein LF 15 auf Magirus S 3500 von 1950 –, der ebenfalls noch dem Einsatzbestand angehörte. (05)

Seit Anfang 1943 hatte Magirus „Tankspritzen TSH 515" auf dem Dreitonnen-Chassis FS 330 in kleinen Stückzahlen gefertigt. Ende 1943 wurde dieser Löschfahrzeugtyp, nunmehr als TLF 15 bezeichnet, auf dem Opel-Blitz-Dreitonnen-Fahrgestell, überwiegend mit Allradantrieb (mit Sechszylinder-68-PS-Vergasermotor) gebaut. Diese Fahrzeuge mit 1500-l-Feuerlöschpumpen und 2500 l Wasservorrat bewährten sich bekanntlich im Bombenkrieg beim Ablöschen von Entstehungsbränden, und dort, wo die Stromversorgung ausgefallen war, hervorragend. Hier ein erst kürzlich bis zur sprichwörtlich letzten Schraube restauriertes, originalgetreues in sandgelbem Anstrich gehaltenes TLF 15/43 auf Opel-Blitz-3-t-Fahrgestell eines Fahrzeugsammlers, Star eines Feuerwehrjubiläums in Solingen im September 1997. (05)

Für die getypten Schweren Löschgruppenfahrzeuge (SLG) verwendete Magirus das ab 1939 lieferbare Chassis des Dreitonners Klöckner-Deutz S 330 bzw. S. 3000, wie das Modell ab 1941 hieß. Hier ein am 27. 8. 1941 abgelichtetes SLG auf S 3000 mit 80-PS-Motor für die Feuerschutzpolizei Straßburg, das als Exponat für die ab 20. 8. 1941 stattfindende Ausstellung „Deutsche Wirtschaftskraft" in Straßburg diente. (01)

Im Vergleich zum vorherigen Bild hat dieses am 14. 4. 1943 fotografierte SLG schon stark abgespeckt. Merkmale der Friedensfertigung sind kaum noch zu erkennen; überall hat man gespart und vereinfacht, angefangen beim überwiegenden Hartfaseraufbau bis hin zu dessen glatten Flächen, die leichter und billiger als verrundete Teile zu fertigen waren. Manche Teile entfielen, so die fahrbare Schlauchhaspel, die Gerätekästen unterhalb der Trittbretter und die seitlichen Pendelwinkler. Dieser erste Versuchswagen wurde auf Klöckner-Deutz S 3000 aufgebaut und war mattgrau lackiert. (01)

Die in großen Stückzahlen gefertigten SLG (ab 1943 LF 15) waren auch nach Kriegsende sehr zahlreich vorhanden und wichen erst ab Ende der 60er Jahre langsam neueren Fahrzeugen. So mancher Veteran wurde an Werk- oder Betriebsfeuerwehren verkauft, wo sich meist noch ein gutes Betätigungsfeld fand. Das oben abgebildete 1983 fotografierte Exemplar auf S 3000 wurde allerdings 40 Jahre zuvor an den gleichen Besitzer ausgeliefert, bei dem es sich nun befand. Es war die Werkfeuerwehr der Pumpenfabrik Klein, Schanzlin & Becker (KSB) aus Frankenthal/Pfalz, die dieses bestens gepflegte, mit neuem, luftgekühltem Antriebsaggregat ausgestattete Feuerwehrfahrzeug noch einsetzte. Zu diesem Zweck war es u. a. mit einer Pumpe firmeneigener Fertigung bestückt worden. Darunter ein ebenfalls auf S 3000 gebautes SLG, das 1942 für genau 23 164,05 Reichsmark von der FF Norderney beschafft wurde und sich dort 38 Jahre im Einsatz befand. Von Sammlern erworben, präsentiert es sich hier am 31. 5. 1997 in tannengrüner Lackierung auf einem Fahrzeugtreffen. (beide 05)

Die auf dieser Seite abgebildeten, von Magirus erstellten Löschgruppenfahrzeuge befanden sich noch viele Jahre nach Kriegsende im Einsatzdienst bei Feuerwehren. Oben ein LF 25 (ehemals KS) auf Magirus FS 145 mit Sechszylinder-125-PS-Motor F6 M 516 der BF Hamburg, aufgenommen in den 50er Jahren. Zur umfangreichen Dachbeladung zählt ein Schaumgießgestänge, das speziell der Tankbrandbekämpfung (im Hamburger Hafen- und Industriegelände) diente. In der Mitte ein Löschgruppenfahrzeug LF(KS) 12 auf Hansa-Lloyd-Magirus-LK, mit 1200-l-Vorbaupumpe der FF Lüneburg, ebenfalls in den 50er Jahren fotografiert. Viele deutsche Feuerwehrfahrzeuge wurden ab 1938 an das „angeschlossene" Österreich, damals als Ostmark bezeichnet, geliefert und verblieben nach Kriegsende dort. Unten ein Klöckner-Deutz S 4500 als LF 25 (ehemaliges GLG), das nach 1945 bei der FF Wels/Oberösterreich und von 1969–1984 bei der FF Zell a. See seinen Dienst versah. Auf dieser Aufnahme ist das Fahrzeug bereits abgemeldet. Sein Verbleib war nicht mehr nachvollziehbar; mit größter Wahrscheinlichkeit wurde es irgendwann zerlegt und verschrottet. (07, 08, 09)

Magirus-Drehleitern der Kriegs- und besonders der Vorkriegsfertigung wurden ebenfalls noch über Jahrzehnte eingesetzt. Bei den Berufsfeuerwehren verschwanden diese Fahrzeuge allerdings zumeist bis Anfang der 70er Jahre. Das obere Bild zeigt eine DL 26+2 auf Magirus FL 145 von 1940 der BF Düsseldorf, aufgenommen Anfang der 60er Jahre. Die Außerdienststellung erfolgte am 2. 7. 1965. Auf der unteren Aufnahme ist eine 1943 gelieferte DL 32 (ehemals GDL) auf Klöckner-Deutz-GFL-145-Niederrahmen-Chassis während einer 1956 auf dem Hof der Hauptwache der BF Osnabrück stattfindenden Übung zu sehen (10, 11)

Ins Ausland verkaufte Magirus hauptsächlich Drehleitern, und Anfang der 50er Jahre lief auch das Exportgeschäft wieder an. Die marokkanische Feuerwehrbehörde orderte 1950 eine mechanische DL 37 mit zwei Metern Handausschub und Fahrstuhl für die Feuerwehr Casablanca. Als Fahrgestell wurde das Fünftonnen-Krupp-Südwerke-LD-50-Chassis ausgewählt, und soweit feststellbar, war dies die einzige Magirus-Leiter, die auf einem Krupp-Fahrgestell gebaut wurde, wobei die Tatsache, daß Magirus noch kein Fahrgestell dieser Gewichtsklasse im Angebot hatte, für die Wahl wohl den Ausschlag gegeben hatte. Das Fahrzeug wurde von dem Dreizylinder-Zweitakt-Reihendieselmotor Südwerke M 413 (mit Doppelkolbenantrieb 4086 cm³ Hubraum und 110 PS Motorleistung) angetrieben. Das zulässige Gesamtgewicht betrug 10,5 t, und bei dem relativ kurzen Radstand von 4,40 m überragte der fünfteilige Stahlleiterpark die Motorhaube erheblich. Hier präsentiert sich das ansehnliche Fahrzeug bei neblig-trübem Wetter am 15. 1. 1951 am Ulmer Donauufer der Kamera. Beachtenswert ist ferner die auf der vorderen Stoßstange befindliche Elektrofahrsirene. (01)

Anfang der 50er Jahre wollten Magirus und der Hauptkonkurrent Metz im Leiterbau hoch hinaus. Den Anfang machte Magirus, indem das Unternehmen eine DL 52+2 (siebenteiliger Leiterpark und mechanisches K-30-Getriebe) auf der Internationalen Automobilausstellung (IAA) in Frankfurt im April 1951 auf dem hauseigenen, ebenfalls neukonstruierten Rundhauber-Schwerlastwagenmodell S 6500 vorstellte. Diese gewaltige Drehleiter – und natürlich auch das Basisfahrgestell – erregten großes Aufsehen, und die Leiter wurde an die BF Wien verkauft, wobei man aber zur Auflage machte, diese auf ein österreichisches Gräf & Stift-Chassis (Typ 120 KN, mit 4,60 m Radstand) setzen zu lassen. Das Truppfahrerhaus wurde ebenfalls von Magirus erstellt. Die Leiter war mit einem auf den oberen Holmen laufenden Aufzug ausgerüstet und besaß eine Lautsprecheranlage, die der Verständigung zwischen Maschinist am Bedienstand und Feuerwehrmann an der Leiterspitze dienen sollte. Das mit einem Sechszylinder-125-PS-List-Dieselmotor ausgerüstete Gräf & Stift-Fahrgestell war mit der schweren Leiter – das Gesamtgewicht betrug 12 Tonnen – bei weitem überfordert und auch untermotorisiert. Ein Rahmenbruch beendete 1971 die Laufbahn dieses Fahrzeugs. Auch der Leiterpark wurde nicht weiter verwendet und verschrottet. (01)

Nach Kriegsende bestand in Deutschland ein großer Bedarf an Tanklöschfahrzeugen. 1948 stellte Magirus mit dem Typ TLF 15/48 ein neuentwickeltes Tanklöschfahrzeug mit 2400-l-Wassertank, 1500-l-Feuerlöschpumpe, sowie Staffelkabine für 6 Mann Besatzung vor. Es war auf dem Nachfolger des Dreitonnen-Kriegsfahrgestells Klöckner-Humboldt-Deutz (KHD) S 3000 aufgebaut, daß sich von diesem hauptsächlich durch den Einbau eines luftgekühlten Antriebsaggregats mit nunmehr 75 PS unterschied. Auf beiden Seiten des Wassertanks befanden sich Gerätekästen, am Heck waren eine Schnellangriffseinrichtung mit 30-m-Hochdruckschlauch und beidseitig Schlauchhaspeln angebracht. Die darunter befindliche Feuerlöschpumpe lag noch ungeschützt im Freien. Dieser Typ wurde in recht großen Stückzahlen gebaut, und auf dieser Seite ist ein solches TLF 15 von 1949 zu sehen, das ursprünglich an die FF Göppingen geliefert und in den 70er Jahren an die Betriebsfeuerwehr der ortsansässigen Märklin-Werke abgegeben wurde. Dort wurde das für den öffentlichen Straßenverkehr nicht mehr zugelassene Fahrzeug im Sommer 1981 noch eingesetzt. (beide 05)

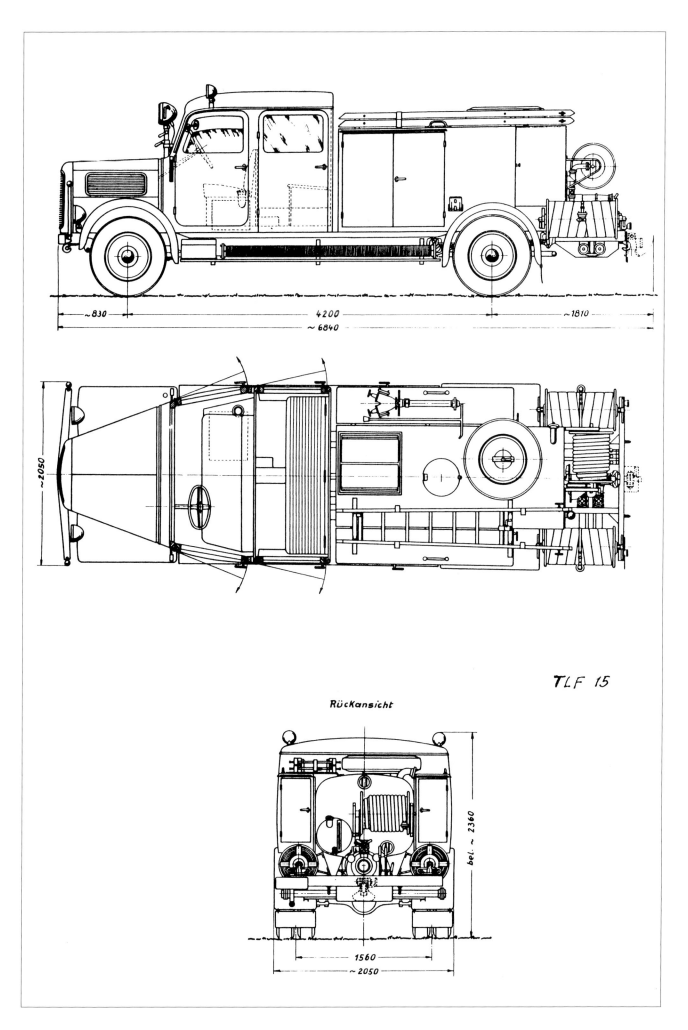

Nachdem im Juni 1948 eine mechanische Magirus-DL 22 als erste Drehleiter nach dem Krieg abgeliefert werden konnte, kam die Fertigung von Leiterfahrzeugen langsam in Gang. Für Drehleitern bis 25 m verwendete man das mittlerweile zum 3,5-Tonner aufgelastete S 3500-Chassis, und im Gegensatz zum während des Krieges vorwiegend verwendeten Truppfahrerhauses, stattete man die Fahrzeuge mit Staffelkabinen aus. Oben eine 1952 gebaute DL 17 auf einem solchen – für diese Leiterlänge eigentlich zu schweren – Fahrgestell, das aber in Ermangelung eines leichteren Magirus-Chassis für diesen Verwendungszweck gewählt wurde. Dem Auftraggeber, der FF Burghausen, die diesen Wagen im Frühjahr 1984 noch einsetzte, war offensichtlich das ebenfalls zur Wahl stehende 1,5-t-Chassis von Opel zu leicht gewesen. Die Abbildung darunter zeigt eine ehemalige DL 22+2 mit Staffelkabine von 1951, die man aber aus nicht bekannten Gründen durch Entfernung des oberen, vierten Leiterteiles zu einer DL 18 umfunktioniert hatte. In diesem Zustand befand sich das Fahrzeug noch im Mai 1982 beim Löschzug Luisenthal der FF Völklingen/Saar. (beide 05)

Mitte 1950 wurden vom Bundesland Hessen, nach Entwürfen des damaligen Landesbranddirektors Noehl, 20 Tanklöschfahrzeuge TLF 15 geordert, die sich in vielerlei Hinsicht von der üblichen TLF-Bauausführung unterschieden. Die mit Vorbaupumpe ausgerüsteten Fahrzeuge besaßen u. a. eine Druckluftanlage, mit der einerseits das Löschwasser zerstäubt, andererseits aber auch die mitgeführten Werkzeuge pneumatisch betrieben werden konnten. Da sich dieses Verfahren aber nicht durchsetzte, wurden die Anlagen später wieder entfernt. Noch bis in die 90er Jahre wurde das 1950 gebaute „Hessen-TLF" vom Löschzug Manderbach der FF Dillenburg eingesetzt. Als es im Sommer 1997 fotografiert wurde, hatte das Fahrzeug seinen aktiven Dienst allerdings schon beendet. (beide 05)

Unten: Bis 1952 wurde das LF 15 der Kriegszeit (das frühere SLG) nahezu unverändert – bis auf den jetzt luftgekühlten Vierzylinder-Dieselmotor – weitergebaut. Hier ein solches Löschgruppenfahrzeug der FF Herbolzheim von 1951, das noch 1984 zum Einsatzbestand gehörte. Die Leistung des Antriebsaggregats betrug nunmehr 90 PS. (05)

Dieses bestens gepflegte Löschgruppenfahrzeug LF 15-TS 8 (mit Vorbaupumpe) auf S 3500 von 1951 stand am 16. 7. 1983 bei der FF Hausach im Schwarzwald noch im Einsatz. (05)

Ab 1951 baute Magirus – als erstes allradgetriebenes Feuerwehrfahrzeug der Nachkriegszeit – ein TLF 15 (TLF 15/50) auf A 3500-Chassis. Es besaß ebenfalls das Vierzylinder-90-PS-Aggregat mit Luftkühlung. Diese Allradfahrzeuge wurden in kleinen Stückzahlen vornehmlich in den bayerischen Raum (davon zwei an die BF München) geliefert. Hier ein solches 1951 gebautes Fahrzeug, das ursprünglich von der FF Mittenwald beschafft wurde und 1971 zur FF Unterammergau gelangte. Es wird heute von den Freunden der alten Feuerwehr Mühldorf a. Inn betriebs- und voll funktionsfähig erhalten. (05)

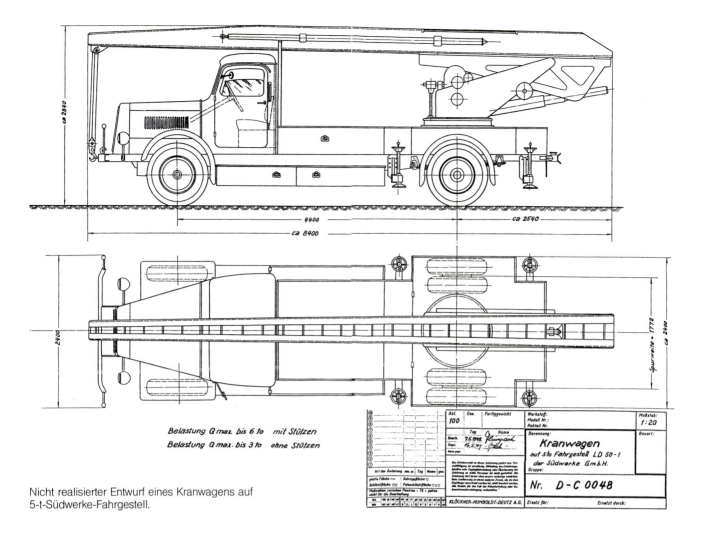

Nicht realisierter Entwurf eines Kranwagens auf 5-t-Südwerke-Fahrgestell.

1951 konnte Magirus auch mit einem neuen Rüstkraftwagen (RKW) 7 aufwarten, der ebenfalls auf der Frankfurter IAA präsentiert wurde. Der Aufbau erfolgte auf dem neuen schweren Fahrgestelltyp S 6000, dessen Entwicklung bereits 1948 begonnen hatte. Dieses Chassis mit 125 PS starkem Sechszylinder-Reihenmotor wurde in wenigen Stückzahlen nur im Feuerwehrbereich verwendet, und die schon bald erscheinenden Rundhauber ließen es wieder vom Markt verschwinden. Der RKW war mit einer elektromotorisch betriebenen 7-t-Krananlage und umfangreichem technischen Gerät bestückt. Hier sehen wir das 1952 gebaute Fahrzeug der FF Saarlouis, das sich zum Zeitpunkt der Aufnahme – 1996 – bereits in Sammlerhand befand. (05)

Hier eine weitere DL 22+2 mit Staffelfahrerhaus von 1952, die bereits auf das modifizierte Magirus-Deutz-S 3500-Fahrgestell mit verrundeten Kanten und spitz nach vorn zulaufenden Motorhaube und schräg gestellter Kühlermaske aufgebaut war. Dieses Fahrzeug befand sich 1982 noch bei der Werkfeuerwehr Krupp-Stahlwerke Südwestfalen, Siegen, im Einsatz und soll mittlerweile restauriert worden sein. (05)

Unten: Mit dem Erscheinen des neugestalteten Magirus-Tanklöschfahrzeugs TLF 15/50 im Herbst 1950 wurde die offene Bauweise verlassen und ein in vollkommen geschlossener und verrundeter Omnibusbauform gestaltetes Modell entworfen. Die Motorhaube wurde dieser neuen Linienführung – wie bei der vorherigen Aufnahme bereits geschildert – angepaßt. Als Triebwerk stand wie bisher das Vierzylinder-Dieselaggregat mit Luftkühlung zur Verfügung. Beladung und Bestückung bestanden aus 2400-l-Wassertank, 1500-l-Feuerlöschpumpe sowie weiteren Gerätschaften, die sämtlich in der formschönen Karosserie untergebracht waren. Hier sehen wir vier Exportfahrzeuge (drei TLF und eine DL 22) in einer 1951 entstandenen Aufnahme für die Feuerwehr Montevideo (Uruguay). (01)

TLF 15/50 auf Magirus-Deutz S 3500 mit luftgekühltem Vierzylinder-Diesel mit 90 PS aus dem Jahre 1951. Das Fahrzeug wurde seinerzeit von der FF Eitorf/Sieg beschafft und ging später in den Besitz der ortsansässigen Werkfeuerwehr Schöllersche Kammgarnspinnerei über, die den Wagen Anfang der 80er Jahre noch einsetzte. (05)

Konstruktionszeichnung des TLF 15/50. (03)

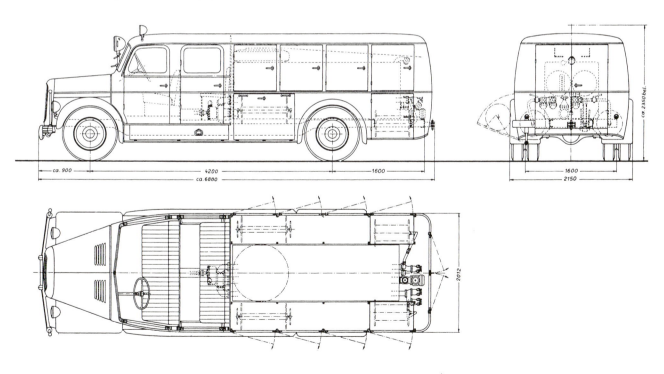

Konstruktionsänderungen vorbehalten!

Die Berufsfeuerwehr Köln war schon immer ein guter Magirus-Kunde und beschaffte schon bald nach Verfügbarkeit die ersten Feuerwehrfahrzeuge auf Rundhauberfahrgestellen. Die Aufnahme oben zeigt einen kompletten Löschzug auf S 3500-Rundhauber, ca. 1953/54 fotografiert, nämlich: DL 25+2 (1952 wurden zwei Stück beschafft, die man 1969 ausmusterte), LF 15 (1953 drei Stück in Dienst gestellt, ausgemustert 1967) und TLF 15 (ebenfalls 1967 außer Dienst gestellt). Die Fahrzeuge beeindrucken durch ihre Einheitlichkeit und die harmonisch abgerundeten Kanten von Hauben und Aufbauten. Ganz rechts ein 1953 beschaffter VW-Standard-Käfer mit 25-PS-Boxermotor im Heck, als Brandmeister- oder Vorfahrwagen eingesetzt. 1955 hatte sich der Rundhauberbestand beträchtlich vermehrt, als die Aufnahme dieser ansehnlichen Ansammlung von insgesamt 11 Fahrzeugen auf einem Parkplatz in der Nähe des Kölner Doms fotografiert werden konnte. Die erste DL von rechts ist eine mechanische, 1954 in Dienst gestellte und 1971 ausgesonderte DL 30 auf dem schweren S 6500-Chassis. (beide 02)

Rechte Seite: Frontansicht eines Löschgruppenfahrzeugs LF 15-TS 8 (mit Vorbaupumpe und eingeschobener Tragkraftspritze) auf S 3500-Rundhauber der FF Süßen/Württ. von 1954, fotografiert am 24. 7. 1981. Das Fahrzeug ist gegenüber dem Ablieferungszustand kaum verändert. (05)

MAGIRUS
LÖSCHFAHRZEUGE LF 15 / LF 25

Bedienungsstand am Fahrzeugende übersichtlich und einfach, geringe Wartung.

Unser Fertigungs-Programm:
Tragbare und fahrbare Leitern, Kraftfahrdrehleitern bis 60 m Steighöhe. Tragbare Kraftspritzen, Löschfahrzeuge aller Art. Sonderfahrzeuge wie Schlauchwagen, Rüstkraftwagen usw.

Besondere Kennzeichen:

Völlig geschlossener, moderner Fahrzeugtyp. Raum für 1 + 8 Mann. Zweckmäßige Unterbringung der feuerwehrtechnischen Ausrüstung nach DIN 14800. Gute Straßenlage. Einbau der Feuerlösch-Kreiselpumpe in Fahrzeugmitte - frostgeschützt - an den Wasserbehälter angeflanscht. Zentrale Bedienung am Fahrzeugende.

Luftgekühlter Motor: Motorleistung: 90/130/175 PS (4, 6 u. 8 Zylinder). Pumpenleistung: 1500/2500 l/min. Ansaugpumpe: modernste zweistufige Abgas-Strahlentlüftung. Schaumeinrichtung: Einheitszumischer

Erzeugnisse der größten Feuerlöschgerätefabrik Europas

KLÖCKNER-HUMBOLDT-DEUTZ AG · WERK ULM

LF 15-TS in Omnibusbauweise von 1955 auf Magirus-Deutz S 3500 der FF Landau/Pfalz. Magirus führte diese Baulinie ab 1953 auch für Löschgruppenfahrzeuge (nach dem Auslaufen des S 3000 der Vorkriegsbauform) ein, nachdem man das TLF bereits seit 1950 (mit dem TLF 15/50) stilistisch aktualisiert hatte. Ab 1952 wurden die Omnibus-TLF auf die neuen Rundhauber-Fahrgestelle gesetzt. Unten eines der 1953 von der BF Köln neubeschafften LF 15 auf der Feuerwache Melchiorstraße in seiner ganzen Herrlichkeit. (05, 02)

Wohl zur allerersten TLF-Bauserie auf S 3500-Rundhauber gehörte dieses, gemäß Fabrikschild bereits 1951 von Magirus gefertigte Fahrzeug, das am 5. 3. 1981 beim Löschzug Koslar der FF Jülich im Dienst stand. Zum damaligen Zeitpunkt wies das TLF den für ein Feuerwehrfahrzeug relativ hohen Kilometerstand von 42 336 auf, was möglicherweise auch erklärt, daß ein neuer Sechszylinder-Motor mit 125 PS (der des Nachfolgemodells „Mercur") nachträglich anstelle des ursprünglich vorhandenen 90-PS-Aggregats einge-baut worden war. Die untere Aufnahme zeigt einen weiteren Rundhauber-Veteran, ein TLF 15 von 1954, aufgenommen am 9. 4. 1983 bei der FF Bechtheim. Die umfangreiche Dachbeladung (Leitern mit offenbar nachträglich angebrachter Halterung und Saugschläuche) war später auf der bereits vorhandenen Galerie angebracht worden, da die zwar formschöne aber relativ unpraktische Aufbauform doch zu wenig Lagerungsmöglichkeiten im Inneren bot. (beide 05)

Dieses allradgetriebene TLF 15 auf Magirus-Deutz A 3500, auf dem langen Fahrgestell mit 4,20 m Radstand, wurde 1953 an die FF Bad-Dürkheim geliefert. Es war mit dem neuen luftgekühlten Sechszylinder-V-Aggregat KHD F 6 L 614 mit 125 PS und 7983 cm³ Hubraum ausgerüstet. Von dieser Version mit Dehnfuge zwischen Mannschaftsraum und Aufbau wurden nur wenige Exemplare erstellt, da schon bald das TLF 15/54 (das ursprüngliche „Bayern-TLF") mit Allradantrieb und kurzem 3,70-m-Radstand diese ersetzte. Beachtenswert ist die vorn seitlich am linken Kotflügel in die Fahrzeugfront integrierte Elektrofahrsirene. (05)

Ein überaus formschönes Einzelstück blieb dieses allradgetriebene TLF 15, das die Karlsruher Firma Metz auf Magirus A 3500 im Jahre 1953 für die BF Hannover fertigte. Es wurde dort am 19. 9. 1953 auf der Wache 1 in Dienst gestellt und am 16. 10. 1968 (der Wagen lief ab 1963 unter der Bezeichnung „Waldbrandwagen") ausgemustert. Diese Aufnahme vom 26. 8. 1953 auf dem Metz-Werkshof zeigt das in Omnibuslinie gehaltene Fahrzeug in der Ansicht rechts mit geöffneten Seitentüren. Es war mit einer 1500-l-Amag-Hilpert-Pumpe und zwei beidseitig am Heck angeordneten Hochdruckschlauchhaspeln als Schnellangriffseinrichtungen bestückt sowie mit 2000 l Löschwasservorrat und 220 l Schaummittelvorrat beladen. Mittels einer festinstallierten Schaummittelzumischanlage konnte wahlweise mit Wasser oder Schaum gelöscht werden. Die Gründe, die für die Beschaffung dieser Fahrgestell-Aufbaukombination maßgebend waren, konnten nicht mehr in Erfahrung gebracht werden. Leider ist es dem Autor trotz vielfacher Bemühungen nicht gelungen, den Verbleib dieses Unikats, das möglicherweise heute noch existiert, zu klären. Vielleicht kann ein Leser mit weiteren Hinweisen behilflich sein? (06)

Ein Teil des Fahrzeugbestandes der BF Osnabrück im Jahre 1960, bis auf den VW-Käfer links ausschließlich von Magirus. Von links: TLF 15 auf Magirus-Deutz S 3500, in Dienst gestellt 1953, mit seltenem, abgesetztem Geräteaufbau mit Dachgalerie; LF 16 der Bauserie 1957/58 auf F Mercur 125 A; DL 32 (Große Drehleiter-GDL) auf Klöckner-Deutz-GFL 145-Niederrahmenfahrgestell, Baujahr ca. 1943; Magirus FS 145 als Schlauchwagen S 4,5 und TLF 15/48 auf Klöckner-Deutz S 3000. Sicherlich ist keines dieser Fahrzeuge von der Verschrottung verschont geblieben! (11)

Nächtlicher Einsatz von Magirus-Feuerwehrfahrzeugen der BF München beim Dachgeschoßbrand eines Gasthofes am 12. 2. 1962. Links ein LF 15 (ehemals SLG) auf S 3000 bzw. FS 330 und daneben ein allradgetriebenes LF 16 (möglicherweise auch LF 16-TS, da nicht erkennbar ist, ob das Fahrzeug eine Vorbaupumpe besitzt) in der ab ca. 1956 von Magirus auf F Mercur 125 A gefertigten Bauweise mit in den Geräteaufbau integriertem Mannschaftsraum. (03)

Rüstkranwagen (RKW 7) mit elektrisch betriebener, um 360° drehbarer 7-t-Krananlage auf Magirus-Deutz S 6500, geliefert 1955 an die österreichische Berufsfeuerwehr Linz/Donau. Dieses Fahrzeug ging später an die FF Waidhofen/Ybbs (Österreich), wo es sich im Frühjahr 1984 noch im Einsatz befand. Das Foto entstand 1991 auf einem Fahrzeugtreffen und zeigt das beeindruckende schwere Fahrzeug in seinem zweiten Lebensabschnitt, nämlich als ein von einem Sammler restaurierter und instand gehaltener Veteran. (05)

Rüstkraft(kran)wagen RKW 7 in einer Rißzeichnung vom 12. 9. 1951.

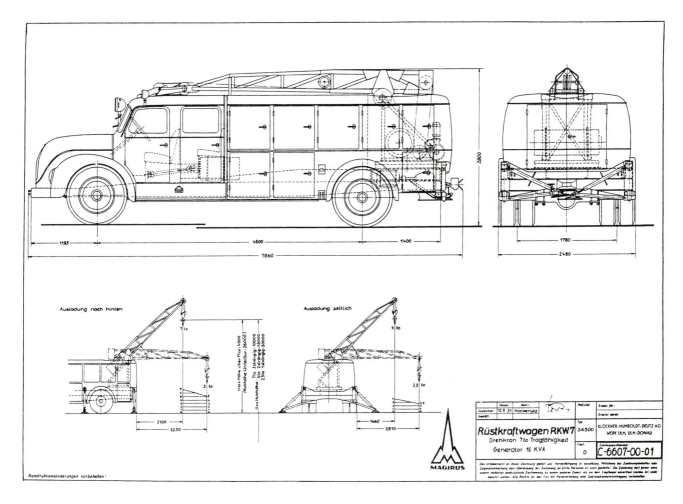

Oben: Zwei Drehleitern der Münchener Berufsfeuerwehr bekämpfen in der Nacht zum 2. 9. 1961 einen Großbrand in einer Druckerei, bei dem ein Toter und ein Schwerverletzter zu beklagen waren. Ganz links eine der neuen Rundhauber-DL 30 mit hydraulischem Leiterantrieb auf F Mercur 125, daneben eine mechanische DL 26 der Vorkriegsbauart auf Magirus FL 145. (03)

Rechte Seite:
Magirus hatte in den 50er Jahren kein eigenes leichtes Fahrgestell im Angebot, so daß LF 8-Aufbauten und Drehleitern mit Steighöhen bis 18 m überwiegend auf den Fahrgestellen fremder Hersteller aufgebaut werden mußten. Besonders häufig wurde zu Beginn des Jahrzehnts das 1,5-t-Chassis des Opel-Blitz, (Sechszylinder-Vergasermotor, 55 PS) verwendet. Oben ein 1948 gebautes LF 8 der FF Waldbröl. Auch das Zweitonnenfahrgestell des Ford FK 2000 (mit V-8–3,9-l-Vergasermotor und 100 PS) diente von 1951–55 recht häufig für LF 8-Aufbauten. Das unten abgebildete Fahrzeug von 1952 ging an die FF Reichshof und stand zuletzt beim Löschzug Eckenhagen im Einsatzdienst. Beide Fahrzeuge auf dieser Seite existieren noch heute. (beide 05)

Linke Seite:
Prospekttitelblatt von 1953: DL 25 im Einsatz. (03)

1953 brachte Magirus als erster deutscher Hersteller eine DL 25 mit hydraulischem Antrieb und gleichzeitig neukonstruiertem Leitersatz auf den Markt. Diese Konstruktion, die das alte Vorkriegs-Leitergetriebe K 30 ablöste, wurde im Juni 1953 auf der Feuerwehrausstellung „Der Rote Hahn" in Essen erstmals der staunenden Fachwelt vorgestellt. Die oben gezeigte DL 25 h gehörte zur ersten Bauserie und ging 1953 an die BF Darmstadt. Sie stand noch 1984 beim Löschzug Wixhausen im Einsatzdienst. Die darunter gezeigte, im gleichen Jahr gebaute DL 25 auf Magirus-Deutz S 3500, deren Fahrerhaus von der niederländischen Karosseriefirma van Ned aufgebaut wurde, besitzt noch den bisher üblichen mechanischen Leiterantrieb, aber bereits den Leitersatz mit neuem Leiterprofil. Dieses Fahrzeug wird von der Brandweer Niedorp als Museumsstück erhalten. Es erschien 1993 auf einem Fahrzeugtreffen in Papendrecht. (beide 05)

TLF 16 in abgesetzter Bauweise mit Heckpumpe auf Magirus-Deutz F Mercur 125 der FF Frechen von 1956. Das Tanklöschfahrzeug befand sich am 9. 5. 1981 beim Löschzug Hubbelrath im Einsatz. Diese Ausführung mit Straßenantrieb wurde vorzugsweise von städtischen Feuerwehren beschafft. (05)

Tanklöschfahrzeug TLF 16 in Allradausführung. (Erstellungsdatum der Rißzeichnung: 25. 10. 1955)

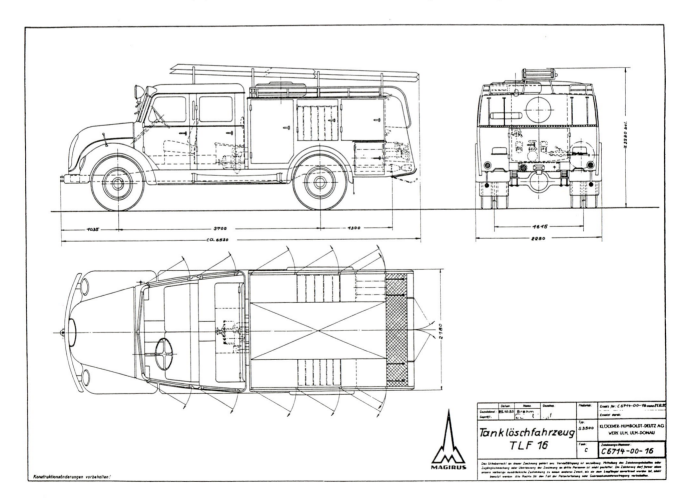

Speziell für Feuerwehren Niedersachsens wurden bekanntlich Tanklöschfahrzeuge mit vergrößertem Wassertank (2800 l) beschafft. Diese Fahrzeuge mit Truppbesatzung waren überwiegend allradgetrieben und wurden seit 1954, gebaut sowohl von Magirus als auch von Metz/Karlsruhe, besonders von ländlichen Wehren in Dienst gestellt. Hier ein von Magirus auf Magirus-Deutz-F-Mercur-125-A-Chassis aufgebautes Fahrzeug mit Dachgalerie und Werfer auf dem Aufbaudach. Das TLF 16-T wurde 1960 von der FF Leer/Ostfriesland beschafft, wo es 1982 noch dem Einsatzbestand angehörte. (05)

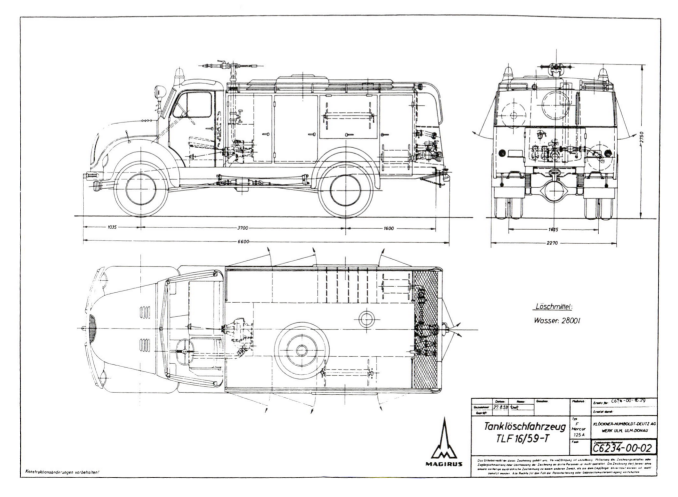

Oben: Die Feuerwehren des Bundeslandes Bayern beschafften das sog. „Einheitstanklöschfahrzeug" TLF 15/53 auf Magirus-Deutz-A 3500-Fahrgestell, mit 125-PS-Motor und kurzem 3,70-m-Radstand, Staffelfahrerhaus, heckseitigen Pumpenarmaturen und seitlicher Schnellangriffseinrichtung. Ein solches Fahrzeug, bereits auf F-Mercur-125-A-Chassis aufgebaut, beschaffte 1955 die FF Kötzting im Bayerischen Wald. Die Pumpe des Fahrzeugs wurde 1989 generalüberholt, und noch 1993 gehörte das voll einsatzfähige Fahrzeug einer Zeitungsmeldung zufolge zum Einsatzbestand. Der hochbeinige, alte „Tanker" ist nach zwischenzeitlich erfolgter Restaurierung auch heute noch als von den Kötztinger Wehrmännern geachteter – wenn auch etwas langsamer – Veteran vorhanden. (05)

TLF 16-T auf Magirus-Deutz A 3500 von 1955, aufgenommen im August 1985 bei der FF Elsdorf b. Zeven. Auch dieses Fahrzeug besitzt eine Schnellangriffseinrichtung seitlich am Heck. (05)

Ab 1955 wurde das allradgetriebene Magirus-TLF mit kurzem Radstand und abgesetzter Bauweise mit geschlossenem Heckpumpenstand versehen und auf dem nun als F Mercur 125 A bezeichneten Dreieinhalbtonnen-Chassis mit 125 PS Motorleistung aufgebaut. Diese grundsoliden, in Technik und Qualität nahezu unverwüstlichen und dazu noch überaus geländegängigen Fahrzeuge standen besonders bei kleineren Wehren in der Masse bis weit in die 80er Jahre, vereinzelt selbst noch heute im Einsatz.

Oben ein 1956 von der FF Nördlingen beschafftes Exemplar, fotografiert am 20. 4. 1984. Das darunter abgebildete, am 22. 9. 1986 bei der FF Pfaffenhofen angetroffene Fahrzeug stammt mit Baujahr 1960 aus der späteren Serie dieser Baulinie, die auf dem Rundhauber bis 1962 beibehalten wurde. (beide 05)

TANKLÖSCHFAHRZEUGE

AUFBAU UND LÖSCHTECHNISCHER EINBAU

Die Fahrzeuge sind mit 2400 bzw. 2800 l fassendem Wassertank und einer Schnellangriffseinrichtung ausgerüstet, die einen sofortigen Löschangriff aus dem Tank ermöglichen.

In dem Bestreben, Geräteaufbau und Löschwasserbehälter zu einer organischen Einheit zusammenzufassen wurde von MAGIRUS ein Tanklöschfahrzeug mit einem selbsttragenden Tankaufbau entwickelt. Diese in moderner Ganzstahlbauweise hergestellten Tanklöschfahrzeuge entsprechen in allen Teilen der Norm DIN 14530 und den neuen Baurichtlinien.

Der Aufbau unserer Tanklöschfahrzeuge — an 3 Punkten am Fahrzeugrahmen in Gummi gelagert — geht in seiner Gestaltung einen für Löschfahrzeuge völlig neuartigen Weg.

Er ermöglicht eine gewichtsparende Ganzstahlausführung bei bester Raumausnützung. Die seitlichen Geräteräume bilden zusammen mit dem Tank eine Einheit. Im Hinblick auf eine noch größere Wendigkeit hat das MAGIRUS-TLF einen Radstand von 3700 mm.

In der Fahrzeugmitte wird in altbewährter Weise die Magirus-Feuerlöschkreiselpumpe FPM 16/8 nach DIN 14420 an der Stirnseite des Wassertanks angeflanscht (DBP 855 803). Die Saug- und Druckleitungen werden zum Bedienungsstand am Fahrzeugende geführt, wodurch eine gute Übersicht und beste Zugänglichkeit zu allen Bedienungselementen erreicht wird. Die Pumpe wird bei Magirus-Tanklöschfahrzeugen — wahlweise — über Gestänge- oder Druckluftschaltung bedient.

Sämtliche Magirus-Tanklöschfahrzeuge können auch mit geländegängigem Allradfahrgestell geliefert werden. Das TLF auf Allradfahrgestell kann mit vorderem Saugstutzen ausgerüstet werden.

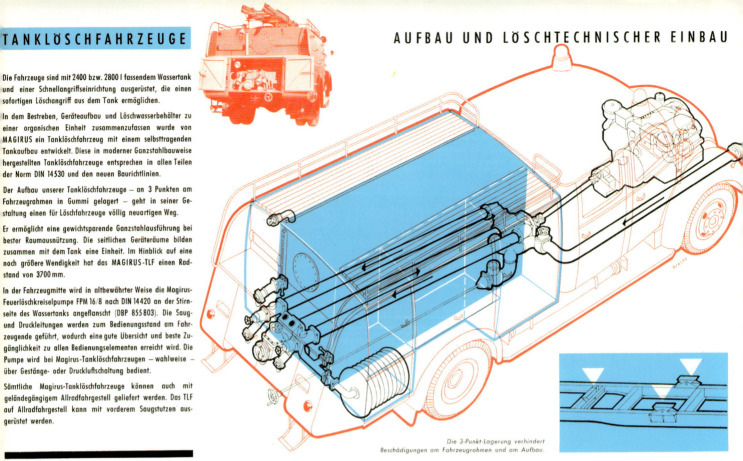

Die 3-Punkt-Lagerung verhindert Beschädigungen am Fahrzeugrahmen und am Aufbau.

AUFBAU UND LÖSCHTECHNISCHER EINBAU

LÖSCHGRUPPENFAHRZEUG

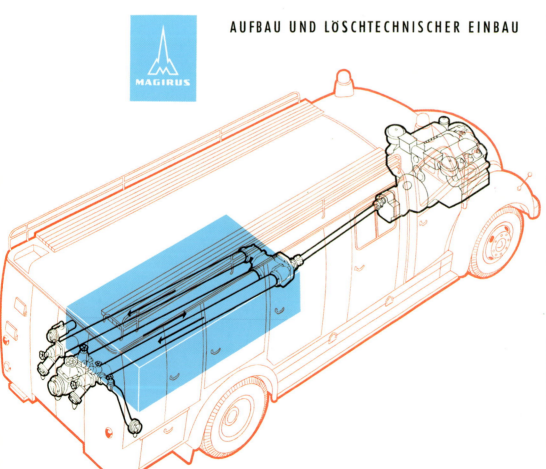

Das Magirus-Löschgruppenfahrzeug dient zur Aufnahme ein Löschgruppe (1 + 8 Personen). Damit möglichst viel Ausrüstur untergebracht werden kann, verwenden wir für unse Löschgruppenfahrzeuge Fahrgestelle mit 4200 mm Radstan

Wir liefern entsprechend den Normvorschriften DIN 1453 die Löschgruppenfahrzeuge in zwei Typen:

LF 16
mit festeingebauter Magirus-Feuerlöschkreiselpumpe FPM 16 nach DIN 14420 mit 800 l Löschwasserbehälter und Schnella griffseinrichtung. Wegen der anerkannten Vorzüge erfol beim LF 16 der Einbau der Pumpe in Fahrzeugmitte an d Wassertank-Stirnseite. Wie bei den Magirus-Tanklöschfah zeugen ist der Bedienungsstand am Fahrzeugende.

LF 16-TS
mit Magirus-Vorbaupumpe FPV 16/8, ohne Löschwasser hälter, mit Lagerungsmöglichkeit für eine von rückwärts ei schiebbare Tragkraftspritze. Magirus-Löschgruppenfahrzeug LF 16-TS können entsprechend den Normvorschriften au mit geländegängigem Allradfahrgestell geliefert werde

Während Magirus das TLF 16 – wie bereits geschildert – ab ca. 1953/54 zunächst in der Bayern-Ausführung und ab 1955 serienmäßig in der abgesetzten Bauweise, also Mannschaftskabine und Geräteaufbau räumlich getrennt, ausführte, löste man sich beim Löschgruppenfahrzeug LF 16 nur sehr zögernd von der optisch wie auf den Rundhauber zugeschnittenen Omnibusbaulinie. 1956/57 fertigte man ein Modell mit Standard-Lkw-Fahrerhaus und daran angebautem, durch Dehnfuge getrenntem Mannschafts- und Geräteaufbau. Fahrer- und Mannschaftsraum waren voneinander getrennt; eine Verständigungsmöglichkeit aber durch ein Fenster in der Kabinenrückwand gegeben. Diese Bauform war nur eine Übergangslösung, denn ab 1958 ging Magirus schließlich auch beim Löschgruppenfahrzeug zur abgesetzten Bauweise über. Hier ein LF 16-TS von 1957, das am 24. 3. 1985 bei der FF Aalen im Alarmdienst stand. (05)

Unten: Allradgetriebenes LF 16-TS auf Magirus-Deutz-F Mercur 125 A in abgesetzter Bauform mit Vorbauseilwinde der FF Brakel, Baujahr 1962. Die Aufnahme entstand am 28. 5. 1988. (05)

Viele Rundhauberfeuerwehrfahrzeuge wurden auch von ausländischen Bestellern geordert. Oben ein an die Schweizer Feuerwehr St. Margrethen am Bodensee 1960 geliefertes TLF 16 auf Magirus-Deutz-F Mercur 125 A, zusätzlich ausgerüstet mit Rettungstrage, Schaummittelkanistern und Schlauchhaspeln als Dachbeladung, fotografiert im August 1985. Darunter ein Löschfahrzeug der niederländischen Brandweer Veenendaal von 1955, ausgerüstet mit einer 2000-l-Feuerlöschpumpe. Der Aufbau erfolgte nicht von Magirus, sondern mit größter Wahrscheinlichkeit durch die Firma Kronenburg. Dieses auf S 3500 erstellte Lösch- und Mannschaftsfahrzeug war mit dem luftgekühlten Vierzylindertriebwerk F 4 L 514 mit 5322 cm³ Hubraum und 85 PS bestückt. Hier präsentiert sich das in individueller Omnibuslinie karossierte Fahrzeug auf einem Feuerwehrjubiläum 1985. (beide 05)

Rechte Seite: Das markante Gesicht eines Rundhaubers. Ein besonders eindrucksvolles Erscheinungsbild vermittelt die hochbeinige Allradversion in dieser Perspektive, hier noch verstärkt durch die angebaute Vorbauseilwinde. Im Bild das 1962 gebaute LF 16-TS der FF Brakel (vgl. Bild S. 97 u.). (05)

In den 50er Jahren als Auszugslänge bei Drehleitern sehr verbreitet war die DL 25, die ab 1953 mit neuem Leitersatz – sowohl mit hydraulischem als auch mechanischem Leiterantrieb – bis 1960 angeboten wurde. Es gab diese Fahrzeuge sowohl mit Truppfahrerhaus als auch mit Staffelkabine. Das obere Bild – am 7. 8. 1982 fotografiert – zeigt eine 1956 gebaute DL 25 h des Löschzuges Schwenningen der FF Villingen. Darunter die 1957 an die FF der Stadt Brugg/Schweiz gelieferte DL 25 mit mechanischem Antrieb der Leiterbewegungen. Das Fahrzeug stand noch im August 1985 im Dienst. Beide Leitern dieser Baureihe wurden auf F-Mercur-125-Fahrgestellen erstellt. (beide 05)

Ende 1954 hatten die Magirus-Konstrukteure auch für die DL 30 ein hydraulisches Getriebe entwickelt, das ab 1957 produziert wurde. Anfangs war die Nachfrage nach dieser neuen DL 30 in Deutschland noch sehr gering. Erst die 1957 in Kraft getretene neue Norm des Fachnormenausschusses für Feuerlöschwesen (FNFW), die DIN 14 701 für Drehleitern, trug zu einer Belebung der Nachfrage bei und führte dazu, daß sich diese Drehleiterauszugslänge schließlich als Standarddrehleiter auf dem Inlandsmarkt festsetzte. Der Leiterpark der DL 30 war deutlich länger als bei der DL 25 und überragte die Motorhaube des Rundhauberfahrgestells. Hier ein 1958 von der FF Hameln beschafftes Fahrzeug. (05)

Rißzeichnung einer DL 30 mit mechanischem Leiterantrieb auf Magirus-Deutz S 7500 vom 4. 10. 1955. (03)

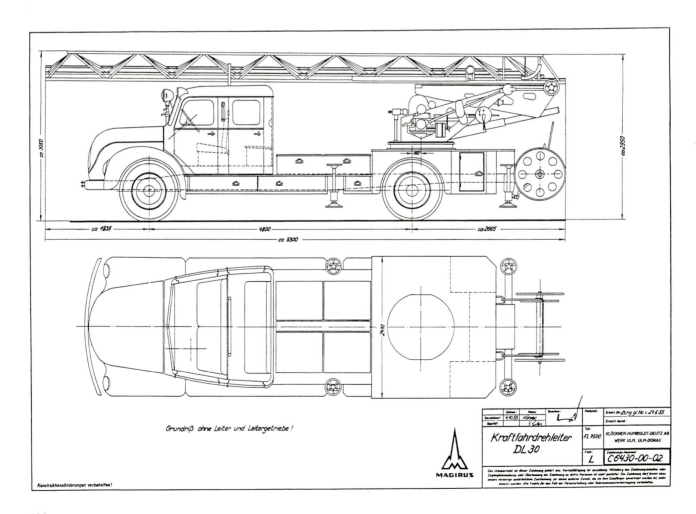

MAGIRUS BAUTE WEIT ÜBER 100 HYDRAULISCHE FEUERWEHRDREHLEITERN

Immer mehr setzt sich bei den Feuerwehren im In- und Ausland die hydraulische Kraftfahr-Drehleiter durch, die gegenüber der mechanischen Leiter wesentliche Vorteile aufweist. Der hydraulische Antrieb bietet ein hohes Maß an Sicherheit, erleichtert die Bedienung der Drehleiter durch den Feuerwehrmann und ermöglicht ein besonders feinfühliges Steuern aller Leiterbewegungen. Mit diesem Gerät steht den Feuerwehren eines der modernsten Hilfsmittel zur Lebensrettung und Brandbekämpfung zur Verfügung. 1953 zeigte Magirus auf der Feuerwehr-Ausstellung in Essen die erste hydraulisch angetriebene, stufenlos regelbare Kraftfahr-Drehleiter Europas. Bereits 1955 lief die Serienfertigung an. Inzwischen hat allein die Produktion der Magirus DL 30 — mit 30 m Steighöhe — die Zahl 70 überschritten. Insgesamt wurden 140 hydraulische Magirus-Drehleitern mit Steighöhen von 25 bis 50 m gebaut.

KLÖCKNER - HUMBOLDT - DEUTZ AG · WERK ULM

DL 30 h der Berufsfeuerwehr Aachen im Einsatz während eines Großbrandes eines Kartonagenlagers auf einem Fabrikgelände am 6. 3. 1963. Im Vordergrund Wehrmänner beim Ablegen von Atemschutzgeräten. (03)

Ein sehr harmonisches Erscheinungsbild vermittelt die Linienführung der DL 30 h auf dem Fahrgestell mit 4,8 m Radstand des 4,5-Tonners Magirus-Deutz F Mercur 125 in der seitlichen Perspektive. Hier ein 1962 an die FF Recklinghausen geliefertes Fahrzeug, das am 15. 8. 1981 beim Löschzug Suderwich fotografiert werden konnte. (05)

Die Berufsfeuerwehr Hannover beschaffte eine weitere unübliche Fahrzeugkombination, nämlich eine DL 37 mit 2-m-Handauszugsleiter und Fahrstuhleinrichtung von Metz/Karlsruhe auf Magirus-Deutz-S 6500-Fahrgestell. Hier aufgerichtet beim Fahrstuhlbetrieb in einer Metz-Werksaufnahme vom Dezember 1954, vor der Ablieferung an den Kunden. Die Drehleiter wurde 1978 außer Dienst gestellt, nachdem der Fahrstuhl schon Jahre vorher entfernt worden war. Sie existiert noch heute als Museumsfahrzeug. (06)

Rechte Seite: Die Berufsfeuerwehr Flensburg erhielt 1959 eine Magirus-DL 30 h auf F-Magirus-Mercur 125 mit Truppfahrerhaus und an dessen Rückwand angebautem Gerätekasten. (05)

Neben den klassischen Feuerwehrfahrzeugen – LF, TLF und DL – entstanden auch viele Sonder- und Spezialfahrzeuge auf Magirus-Fahrgestellen mit firmeneigenen Aufbauten. Oben ein in einer Serie von 14 Stück an die US Air Force geliefertes TLF 15 S 4 auf S 3500 mit Truppfahrerhaus, das für den Feuerlöschdienst auf Flugplätzen vorgesehen war. Wie bei amerikanischen Feuerwehren vielfach üblich, befand sich am Heck ein Trittbrett, auf dem Feuerwehrleute stehend mitfahren konnten. Das abgebildete, am 1. 7. 1953 ausgelieferte Fahrzeug, war vermutlich bis 1965 auf der US Air Base Ramstein/Pfalz stationiert. Nachdem es von 1972–78 bei der freiwilligen Feuerwehr Dienst getan hatte, wurde es an die Werkfeuerwehr der Firma Krauss-Maffei, München, verkauft und von dort am 14. 12. 1984 an die Werkfeuerwehr Diamalt AG, München-Allach, weiterveräußert. Das Fahrzeug, mit einer 1500-l-Feuerlöschpumpe, 2400-l-Wassertank sowie einem nachgerüsteten 400-l-Schaummitteltank bestückt, besaß als Antrieb den Sechszylinder-KHD-Diesel F 6 L 613 mit 125 PS und 7412 cm³ Hubraum. Die Aufnahme zeigt das TLF 15 am 22. 9. 1986 auf dem Werksgelände des damaligen Besitzers. (05)

Wie ein geballtes, sprungbereites Kraftpaket wirkt dieses mit 135-mm-Teleobjektiv fotografierte Zumischer-Löschfahrzeug (ZLF) 24/62 auf Magirus-F-Jupiter-Chassis mit seiner gewaltigen Vorbaupumpe. Es ist der typische Vertreter eines nicht der Norm entsprechenden Sonderlöschfahrzeugs, das 1962 von der Werkfeuerwehr der Esso AG, Karlsruhe, beschafft worden war. Die Beladung besteht aus 6200 l Schaumlöschmittel, und die Vorbaupumpe leistet 2400 l pro Minute. Ein Wendestahlrohr auf dem Aufbaudach und eine rechts im Aufbau angebrachte Schnellangriffseinrichtung ergänzen die Ausrüstung. Ein achtzylindriges Diesel-Aggregat vom Typ F 8 L 614 mit 170 PS Leistung und 10 644 cm³ Hubraum arbeitet unter der voluminösen runden Haube. Zum Zeitpunkt der Aufnahme, am 21. 10. 1984, war das Fahrzeug allerdings schon an die FF Küssaberg (Löschgruppe Kadelburg) abgegeben worden. (05)

Oben ein am 15. 8. 1962 fotografiertes Zumischerlöschfahrzeug (ZLF) 25 mit mittig eingebauter 2500-l-Pumpe, vorgesteuertem Strahlpumpenvermischer und 2800-l-Schaummitteltank der Werkfeuerwehr Röchling'sche Eisen- und Stahlwerke in Völklingen/Saar auf F Mercur 125 A mit beidseitig im Aufbau angeordneten Armaturen und Bedienstand. Das noch nicht beladene Allradfahrzeug wirkt mit seinem kurzen Radstand in dieser Aufnahme besonders hochbeinig. Darunter ein Zumischerlöschfahrzeug (ZLF) 24/57 (57 = Entwicklungsjahr 1957) auf Magirus-F-Jupiter mit 170-PS-Motor mit zwei Pumpen sowie Werfer und vorgebauter Zumischeranlage in einer Aufnahme vom 2. 11. 1962. Der Schaummitteltank faßte 4500 l, die Vorbaupumpe FP 24/8 mit Pumpenvormischer förderte 2400 l Wasser pro Minute. Als zweites Pumpenaggregat war eine mittig eingebaute 200-l-Schaummittelpumpe vorhanden. Der selbstansaugende Schaumwasserwerfer war für einen Durchfluß bis zu 2400 l/min eingerichtet. Direkt hinter der Truppkabine befanden sich beidseitige Schnellangriffseinrichtungshaspeln mit formbeständigem Schlauch und Schaumstrahlrohren. Das Fahrzeug gehörte zum Bestand der Werkfeuerwehr Esso AG, Raffinerie Karlsruhe, die mehrere, ähnliche Fahrzeuge in Dienst stellte. (beide 01)

Eine Doppelseite Rundhauber! Diese formal sehr fortschrittlich gestalteten Fahrzeuge prägten mehr als ein Jahrzehnt Feuerwehrgeschichte – und das nicht nur in Deutschland. Rundhauber bewährten sich in aller Welt, und viele Feuerwehren beschafften ganze „Flotten" dieser Fahrzeuge. Entsprechend hoch war der vor der Verschrottung bewahrte Bestand in den 90er Jahren. Die Berufsfeuerwehren Braunschweig und Solingen restaurierten und erhielten u. a. jeweils einen kompletten, voll funktionsfähigen Löschzug für die Nachwelt. Während auf der Abbildung links oben die Braunschweiger Fahrzeuge gestaffelt versetzt anrücken, ist unten die Solinger Phalanx in Reih' und Glied, anläßlich eines örtlichen Jubiläums im September 1997, bei bestem Fotolicht aufgefahren. Letzter Zugang bei den Solingern war die DL 30h, die erst vor kurzem von der österreichischen Feuerwehr Bad Gleichenberg zurückgekauft worden war und nach einer Totalrestaurierung als drittes Fahrzeug diesen historischen Löschzug komplettieren konnte. (12, 05)

Anfang der 80er Jahre standen bei so manchen Wehren noch mehrere Magirus-Rundhauber im Einsatz. Oben LF 16 und TLF 16 (Baujahr 1959 und 1958) der Werkfeuerwehr Chemische Werke Victor, Castrop-Rauxel, in einer Aufnahme vom 8. 8. 1981. Darunter drei am 12. 3. 1983 fotografierte Rundhauber der Werkfeuerwehr Mohndruck (Bertelsmann), Gütersloh, die anläßlich des Fototermins noch extra gewaschen wurden. Vorn ein TLF 16/P 750 (gemäß Aufbautypschild), also ein TroTLF 16, das von der FF Gütersloh am 30. 3. 1962 erstmals zugelassen wurde, in der Mitte TLF 16 von 1958 (beide auf F Mercur 125), und als drittes Fahrzeug ein auf S 3500 aufgebautes TLF 15 in Omnibusbauform mit Ansatzplatte für Schneepflug von 1953. Das TroTLF wurde ab 4. 8. 1995 auf dem Flughafen Gütersloh GmbH zugelassen und soll sich dem Vernehmen nach noch heute dort im Einsatz befinden. (beide 05)

Wie bereits erwähnt, verwendete Magirus für leichte Feuerwehrfahrzeuge häufig Opel-Blitz-Fahrgestelle, da sich ein leichtes Chassis eigener Fertigung nicht im Programm befand. Als Nachfolgemodell des bewährten 1,5-Tonners erhielt der Opel-Blitz 1952 eine völlig neue Karosserie, die sich an amerikanischen Stileinflüssen orientierte. Das aufgelastete, nun als Opel-Blitz 1,75 t (mit 62-PS-Vergasermotor) bezeichnete Modell wurde in großen Stückzahlen von wohl allen Aufbauherstellern für Feuerwehrzwecke verwendet. Magirus baute in erster Linie LF 8, sowohl mit Seiten- als auch mit Heckbeladung, sowie auch die handbetätigte Drehleiter DL 18 (die in der Norm die DL 17 abgelöst hatte) auf diese Fahrgestelle. Das obere Bild zeigt ein LF 8-TS (mit Vorbaupumpe und eingeschobener Tragkraftspritze) der FF Münchweiler a. d. Rodalb in der Ausführung mit Heckbeladung von 1958, aufgenommen am 11. 6. 1985. Das Fahrzeug auf der unteren Aufnahme, eine DL 18 gleichen Baujahrs, ist noch heute bei der FF Wiedenbrück als gepflegtes und funktionsfähiges Museumsexponat vorhanden. Hier in einer Aufnahme vom September 1997. (beide 05)

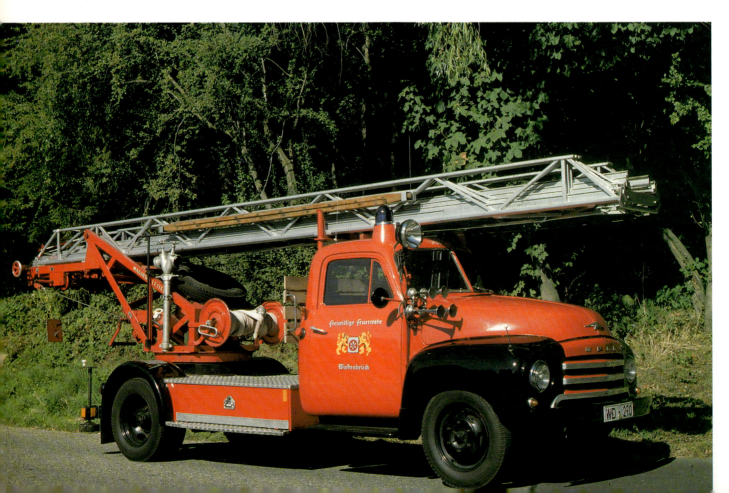

1959 wurde mit dem Opel-Blitz-1,9-Tonner das Nachfolgemodell des so erfolgreichen Vorgängers präsentiert, welches ein Jahr später in die Produktion ging. Mit diesem kurzhaubigen Fahrzeug, das weiterhin von einem auf 70 PS leistungsgesteigerten Vergasermotor angetrieben wurde, gelang Opel keine Wiederholung des Erfolges. Gleichwohl fand auch dieses Modell für ähnliche Zwecke bei den Feuerwehren weite Verbreitung. Oben ein im Sommer 1997 fotografiertes Fahrzeug. Das 1963 gebaute LF 8 diente zwei Jahre als Vorführwagen, bevor es 30 Jahre lang für den Feuerschutz im Gruppenkraftwerk Herne zuständig war. Eine Museumsvereinigung ist nun Besitzer dieses Fahrzeugs. Ein Jahr jünger ist die unten gezeigte DL 18 m von Magirus auf Opel-Blitz 1,9 t, die am 9. 4. 1990 zum Einsatzbestand der FF Fritzlar zählte. (beide 05)

Mit großen Hoffnungen auf einen durchschlagenden Markterfolg und mit viel Vorschußlorbeeren bedacht, wurde 1960 in der Gewichtsklasse LF 8 ein Faun-Fahrgestell vom Typ F 24 DL mit 64-PS-KHD-Dieselmotor und Magirus-Aufbau dem Publikum vorgestellt. Leider erfüllten sich die Erwartungen nicht, obwohl man den kleinen Faun noch zu Beginn der 80er Jahre im Fuhrpark so mancher Feuerwehr recht häufig antreffen konnte. Dieses 1963 gebaute LF 8-TS (mit Frontpumpe, die sich oberhalb der Stoßstange, hinter aufklappbaren Blechen in der Fahrzeugfront befand) gehörte der FF Anröchte. Es stand, als es im Mai 1997 bei einem Fahrzeugtreffen aufgenommen wurde, allerdings nicht mehr im Einsatzdienst. (05)

Rechts oben: In den 50er Jahren stieg das Verkehrsaufkommen auf Westdeutschlands Straßen sprunghaft an, und immer häufiger wurde die Feuerwehr zur Beseitigung von Fahrzeugen nach Unfällen gerufen. Da die vorhandenen Bergefahrzeuge in keiner Weise ausreichten, entwickelte Magirus, nach einer umfangreichen Befragungsaktion von Feuerwehren, einen schweren, dreiachsigen Kranwagen auf Magirus-Uranus A 12 000 mit 15 t Hubkraft, mit hy-

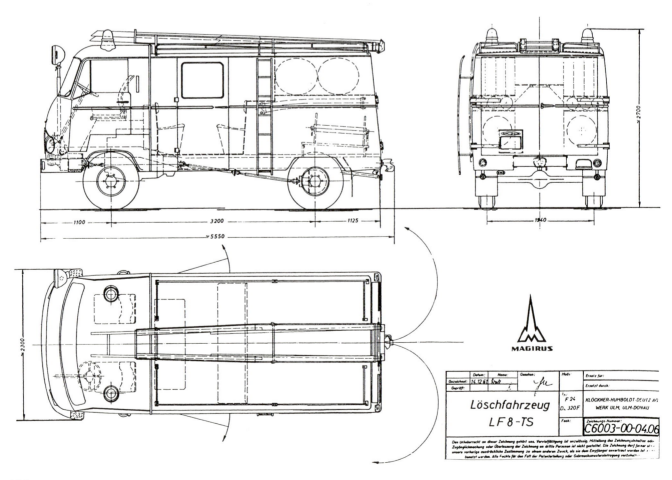

114

draulisch betriebener Krananlage und 15-t-Heckspill. Das erste Exemplar ging im Mai 1957 an die BF Stuttgart, die diesem Fahrzeug sehr positive Einsatz- und Verwendungsmöglichkeiten bescheinigte. Mit diesem Modell war Magirus bis in die 60er Jahre ohne Konkurrenz, und es verwundert daher nicht, daß bis 1962 weitere 13 Kranwagen an Berufsfeuerwehren verkauft werden konnten. Die ersten „überarbeiteten" Kranwagen, nunmehr auf Magirus Uranus A mit 250 PS, als KW 16 bezeichnet, wurden ab Mitte 1961 ausgeliefert, waren stückzahlmäßig noch erfolgreicher und wurden vereinzelt auch von großen Kran- und Abschleppunternehmen ver-

wendet. Bis 1969 konnte Magirus insgesamt 41 KW 16 herstellen; 21 davon gingen an deutsche Feuerwehren. Die BF Dortmund, die mit ihrem KW 15 bereits gute Erfahrungen gemacht hatte, stellte am 1. 8. 1964 auch einen KW 16 in Dienst, dort aufgenommen im Jahre 1991. Die letzten Vertreter dieser so erfolgreichen Kranwagengattung sind auch noch heute im Einsatz anzutreffen. (05)

Unten: Die BF Heilbronn stellte am 9. 10. 1959 einen KW 15 in Dienst. Hier sehen wir das schwere Fahrzeug bei Bergungsarbeiten nach einem Tankwagenunfall in den 70er oder 80er Jahren. (13)

Im Frühjahr 1962 faßte die Leitung der Magirus-Brandschutztechnik den Entschluß, neben dem Standard-Feuerwehr-Kranwagen KW 16, für Abschlepp- und Bergungsunternehmen eine etwas leichtere Version zu entwickeln. Als Fahrgestell für den neuen Kranwagen für 12 t Hubkraft am Hauptausleger und mit 8-t-Vorbauseilwinde (ohne Spill) wurde das Betonmischer-Dreiachschassis des Saturn 150 L 6×4 mit 150-PS-Motor F 6 L 714 ausgewählt. Während der Bauzeit reifte der Entschluß, das Fahrzeug auf der Frankfurter IAA 1963 im Rahmen des Magirus-Brandschutzprogramms vorzustellen. In der Folgezeit diente der KW 12 als Vorführfahrzeug, ohne daß sich ein Abnehmer fand. Dann griff die BF Berlin zu und bestellte am 22. 6. 1964 dieses Einzelstück, das mit feuerwehrspezifischer Zusatzausrüstung neuwertig hergerichtet wurde. Nachdem das Fahrzeug am 18. 9. 1964 an die Feuerwehr Berlin ausgeliefert worden war, wurde bei Magirus die Entwicklung des „leichten Kranwagen KW 12" eingestellt, da eine Marktumfrage keinen Bedarf mehr erkennen ließ. (01)

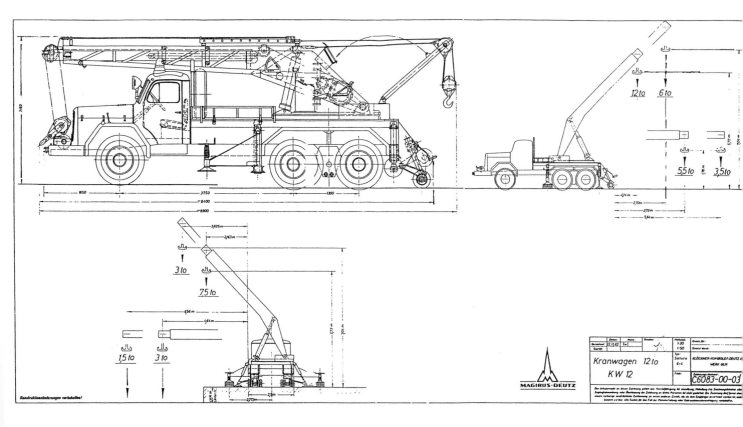

Dieses am 3. 1. 1956 fotografierte und von der Firma Total/Ladenburg aufgebaute Pulverlöschfahreug PLF 1500 (mit zwei 750-kg-Pulverbehältern und seitlichen Bedienständen) gehörte zu einer Serie von sieben gleichartigen Fahrzeugen, die von der französischen Armee beschafft wurden. Als Fahrgestell diente das Chassis des allradgetriebenen Eckhaubers Magirus A 4500 Mercur, das wahrscheinlich mit dem Sechszylinder-V-Motor F 6 L 614 mit 125 PS bestückt war. Das Fahrzeug verfügte als Besonderheit über eine Webasto-Motorvorwärmanlage, sowie über eine Fahrerhausheizung des gleichen Herstellers. Der besseren Wirksamkeit der Motorvorwärmung wegen, war der Motorraum luftdicht verschlossen (u. a. erkennbar an den fehlenden Lüftungsschlitzen) und vor der Kühlermaske eine Kunststoffverkleidung angebracht, die bei erwärmtem Motor, z. B. im Sommerbetrieb, abgenommen werden konnte. An der rechten vorderen Ecke des Kühlers ist die Anschlußöffnung für das Vorwärmgerät erkennbar. Bei Allradfahrzeugen kam Magirus schnell wieder von der runden Haube ab, da diese in Geländeeinsätzen Verwindungen zeigte und zum Aufspringen neigte. Interessanterweise wurden allradgetriebene Rundhauber für den Feuerwehrbereich weiter gefertigt, denn man stufte die Geländebelastung bei Feuerwehrfahrzeugen wohl doch für geringer ein.

Ab etwa 1962 führte die Klöckner-Humboldt-Deutz-AG (KHD) anläßlich des Übergangs zum 150-PS-Motor bei den mittelschweren Feuerwehrfahrzeugen die eckigen Motorhauben und Kotflügel wieder ein. Die Scheinwerfer waren wieder freistehend und nicht, wie beim Rundhauber, in die Kotflügel integriert. Im Feuerwehrbereich wurden bei TLF und LF Geräteaufbauten und Mannschaftskabinen unverändert von den Vormodellen übernommen. Sehr viele Wehren des In- und Auslandes beschafften in der Folgezeit Eckhaubermodelle, zumal Magirus mit der Zeit sämtliche Feuerwehrfahrzeuge auf diese neue Haubenform umstellte. Diese Anfang der 60er Jahre bei der BF Dortmund entstandene Aufnahme zeigt ein LF 16 (rechts) sowie zwei TroTLF 16, aufgebaut auf F-Mercur-150-Fahrgestellen. (14)

Tanklöschfahrzeuge TLF 16 auf Eckhauber wurden über ein Jahrzehnt in sehr großen Stückzahlen gefertigt. Ebenso wie beim Löschgruppenfahrzeug, war der Aufbau dem des Vorgängers sehr ähnlich. Obwohl auch Eckhauber-Tanklöschfahrzeuge auf normalen Straßenfahrgestellen gebaut wurden, war die überwiegende Zahl der TLF 16 mit Allradantrieb ausgerüstet. Und dies nicht nur bei Feuerwehren in ländlichen Gebieten. Während das obere Bild ein 1966 gebautes Fahrzeug auf Allradfahrgestell F Magirus 150 D 10 A mit Vorbauseilwinde der FF Dollendorf/Eifel in einer Aufnahme vom 18. 8. 1984 zeigt, ist unten ein Tanklöschfahrzeug mit Straßenantrieb zu sehen, das 1964 auf F Mercur 150 für die FF Aalen erstellt und am 24. 3. 1985 im Bild festgehalten wurde. (beide 05)

Hier ein weiteres TLF 16 auf F Mercur 150 A der FF Bad Wörishofen von 1963 in einer Aufnahme vom 17. 6. 1986. Motor F 6 L 714 mit 150 PS, zulässiges Gesamtgewicht 10 t, Magirus-Feuerlösch-Kreiselpumpe mit 1600 l/min, Löschmittelvorrat 2400 l Wasser. (05)

Im Gegensatz zum Tanklöschfahrzeug auf der vorhergehenden Seite beschaffte die FF Aalen 1963 das entsprechende Löschgruppenfahrzeug LF 16-TS dazu auf dem Allradfahrgestell des KHD F Mercur 150 A. (05)

Zwei Magirus-Eckhauber der BF Düsseldorf. Die Aufnahme zeigt ein TroTLF 16, das, der Ausrüstung entsprechend, auch bei der Bekämpfung von Gas- und Flüssigkeitsbränden einsetzbar war, auf F Mercur 150 A von 1963, ausgerüstet mit 1600-l-Feuerlösch-Kreiselpumpe, 1600-l-Wassertank und 750-kg-Pulverlöschanlage von der Firma Total/Ladenburg. Die Außerdienststellung dieses im April 1981 fotografierten Fahrzeugs erfolgte am 6. 8. 1982. Dem darunter gezeigten Löschgruppenfahrzeug LF 16 auf F Mercur 150 von 1964 war aufgrund seines Einsatzes als Fahrschulwagen in seinen letzten Lebensjahren ein etwas längeres Dasein beschert. Der im Mai 1980 auf dem Gelände der Wache Oberkassel abgelichtete Wagen überlebte bis 1987. (beide 05)

Die Sonderausführung des TLF 16 mit Truppkabine und auf 2800 l vergrößertem Wassertank war vor allem in den Wald- und Heidegebieten Niedersachsens weit verbreitet. Insbesondere als Zubringerfahrzeug in Gegenden mit ungenügender Löschwasserversorgung waren die TLF 16-T sehr nützlich. Dieses 1964 von der ostfriesischen FF Aurich war auf KHD-F Mercur 150 A aufgebaut und stand dort im August 1985 im Einsatzdienst. (05)

Löschgruppenfahrzeug LF 16-TS auf KHD-F 150 D 10 A der FF Hanau von 1968. Dieses Modell besitzt den ab ca. 1965 üblichen breiteren Geräteaufbau und die darin ausgeführten eckigen Radausschnitte für die hinteren Kotflügel. Die Feuerlöschkreiselpumpe FP 16/8 war bei dieser Ausführung des LF 16-TS in das Heck verlegt und mittels einer zusätzlichen Klappe zugänglich. Datum der Aufnahme: 2. 4. 1982. (05)

In den 60er Jahren kam der RW-Öl als neue Fahrzeuggruppe für Einsätze bei ausgelaufenem Öl oder anderen grundwassergefährdenden Stoffen auf. Die BF Frankfurt erhielt 1965 ein solches Spezialfahrzeug (obige Abbildung) auf KHD-F 150 D 10 A mit 3,70 m Radstand, das mit einem dem TLF 16 äußerlich sehr ähnlichen Aufbau versehen war. Das Fahrzeug besaß einen Stromerzeuger mit 16,5 kVA Leistung und einen in den Aufbau integrierten Tank zur Aufnahme von bis zu 2400 l Flüssigkeit. Unten ein von Ziegler/ Giengen 1967 für die FF Horb auf F 150 D 10 A aufgebauter RW-Öl mit Vorbauseilwinde, fotografiert auf dem Werksgelände vor der Ablieferung. Auch Standardtypen wie dieses Fahrzeug, die Magirus im Programm anbot, wurden gelegentlich von anderen Firmen aufgebaut. Ziegler fertigte eine Reihe von Aufbauten auf Magirus-Eckhaubern, darunter auch Tanklöschfahrzeuge TLF 16. (03, 15)

Ein KHD-Schwerlastwagen-Allradfahrgestell vom Typ F Magirus 200 D 16 A, motorisiert mit dem luftgekühlten Achtzylinder-200-PS-Dieseltriebwerk F 8 L 714, diente als Basis für dieses in die Schweiz exportierte Tanklöschfahrzeug mit 2800-l-Feuerlöschpumpe und 4000 l Löschwasservorrat. Das Fahrzeug wurde 1966 im Rahmen eines Staatsauftrages zur Bestückung der Schweizer Bundeslöschzüge (insgesamt sechs Stück) an die BF Bern ausgeliefert und war dort im August 1985 stationiert. (05)

Schlauchwagen SW 2000-T von 1964, beladen mit 2000-m-B-Druckschlauch, ausgeführt mit Truppkabine auf KHD F Mercur 150 A und bestückt mit dem 150-PS-Diesel F 6 L 714 der FF Hanau. Dieser Schlauchwagen-Standardtyp aus dem Magirus-Programm besitzt ein zulässiges Gesamtgewicht von 10 t. (05)

RW-Öl auf KHD-F Magirus 150 D 10 A (Allradfahrgestell) von 1965, der 1982 auf der Feuerwache Walsum der BF Duisburg stationiert war. (05)

Gerätewagen GW 2 (Allradantrieb) in einer Zeichnung vom 13. 7. 1961.

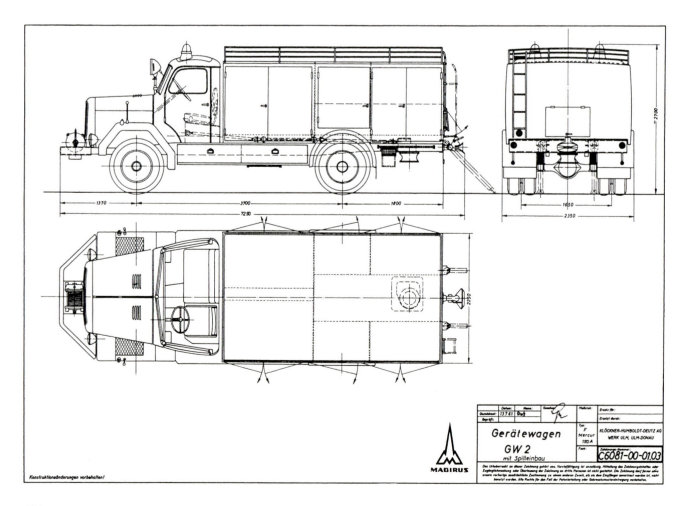

Bereits Ende der 50er Jahre beschaffte die Bundeswehr Fahrzeuge für den Brandschutz auf ihren Anlagen. Nach ihrer dortigen Außerdienststellung gingen viele dieser geländegängigen, leistungsfähigen Tanklöschfahrzeuge in den Besitz von freiwilligen Feuerwehren. Ein solches 1959 gebautes Fahrzeug, ein ehemaliges FKFZ 4500/450, beladen mit Wasser und Schaummittel auf einem 170-PS-Magirus-A-6500-Chassis, konnte im August 1982 bei der bayerischen FF Kaufering fotografiert werden und diente offenbar vorher auf einem der zahlreichen Fliegerhorste in dieser Region.

Der dort als TLF 24/45 (mit 2400-l-Feuerlöschpumpe) eingeordnete Wagen besaß eine 8-t-Vorbauseilwinde und 14,6 t zulässiges Gesamtgewicht. (05)

Unten ein von Ziegler 1966 für die FF Crailsheim aufgebauter Schlauchwagen SW 2000 auf KHD-F Magirus 150 D 10 A in einer Aufnahme vom 24. 3. 1985. Die Aufbauten der von Ziegler erstellten Eckhaubermodelle zeichneten sich durch einen dekorativen, seitlichen Alu-Zierstreifen aus. (05)

125

Das Bundesland Hessen kaufte in den 70er Jahren eine Reihe von Zubringerlöschfahrzeugen vom Typ ZB 6/24-S 15 von Magirus, die an Schwerpunktfeuerwehren, insbesondere mit Autobahnanbindung, verteilt wurden. Diese unfallträchtigen Einsatzgebiete bargen schon immer besondere Risiken und erforderten aufgrund der schlechten Versorgung mit Löschwasser Tanklöschfahrzeuge mit großen Wasserkapazitäten und hohen Pumpleistungen. Die von 1972–76 auf F Magirus 200 D 16 A ausgelieferten Fahrzeuge waren mit 2400-l-Pumpen bestückt und konnten 5500 l Wasservorrat sowie 500 l Schaummittel befördern. Sie wurden bei den Wehren entweder als GTLF 6 oder TLF 24/50 bezeichnet. Hier ein 1973 von der FF Heppenheim in Dienst gestelltes Fahrzeug. (05)

Die Aufnahme unten zeigt ein von der Eidgenössischen Feuerwehr Thun (Schweiz) 1959 von Magirus beschafftes und am 25. 6. 1959 fotografiertes SLF 25/7 auf F-Saturn-145 A-Chassis (luftgekühlter 145-PS-V-6-Dieselmotor mit 9500 cm^3 Hubraum) und Trilex-Felgen, die speziell auf schweizerischen Wunsch montiert wurden. (01)

126

Trocken-Tanklöschfahrzeug TroTLF 16 auf KHD-F Magirus 150 D 11 A der BF Hildesheim von 1967. Neben der für diese Löschfahrzeugart üblichen 1600-l-Pumpe trug das 11-Tonnen-Fahrgestell eine Beladung von 1800 l Wasser, sowie eine von Minimax erstellte 750-kg-Pulverlöschanlage. Das TroTLF wurde von einigen Berufsfeuerwehren wegen seiner größeren Vielseitigkeit anstelle des üblichen TLF 16 in den Löschzügen eingesetzt. (05)

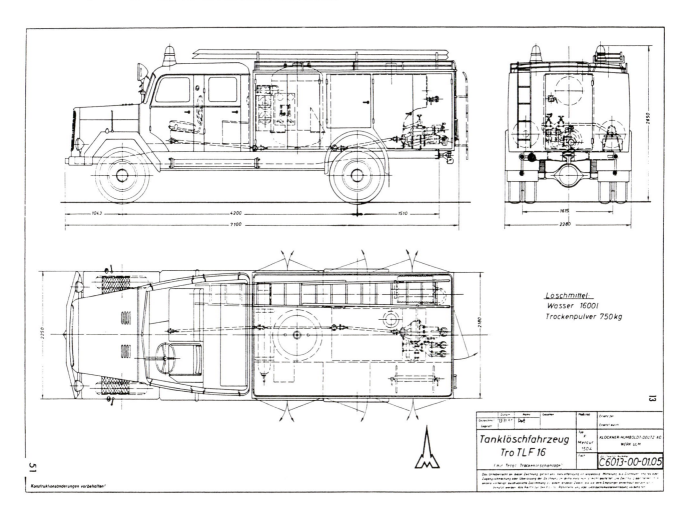

Die Fahrzeuge dieser Buchseite zählen zu den in beachtlichen Stückzahlen vom Bund beschafften Feuerwehrfahrzeugen des Katastrophenschutzes, die bei Feuerwehren stationiert bzw. von Kräften der Regieeinheiten besetzt wurden. Es wurden drei äußerlich ähnliche Modelle als LF 16-TS, TLF 16 und SW 2000 einheitlich auf den Fahrgestellen F Mercur 125 A bzw. F Magirus 125 D 10 A beschafft, die mit Sechszylinder-125-PS-Dieselmotoren bestückt wurden. Bei den Löschgruppen- und Tanklöschfahrzeugen wurden, abweichend von den genormten Typen, 2400-l-Pumpen installiert. Während die obere Abbildung ein bei der FF Fürstenau, Krs. Osnabrück, stationiertes TLF 16 zeigt, ist unten ein bereits 1957 von Kässbohrer aufgebauter SKW auf F Mercur 125 A zu sehen, der noch 1985 bei der FF Roth b. Nürnberg im Einsatz stand. (beide 05)

Rechte Seite:
1969 von der BF Köln beschaffte DL 30 auf dem 12-t-Chassis des F Magirus 150 D 11 in ausgefahrenem Zustand, in einer im gleichen Jahr entstandenen Aufnahme. Die Drehleiter ist mit hängendem Rettungs- und Arbeitskorb für zwei Personen, hydraulischer Schrägabstützung, Truppkabine und vergrößertem Podium ausgestattet. Truppfahrerhäuser blieben zwar anfangs noch die Ausnahme, aber Berufsfeuerwehren orderten ab ca. 1967 zunehmend diese Ausführung. Durch die Schrägabstützung, die auf diesem Bild gut zu erkennen ist, wurde die Standfestigkeit der Drehleiter wesentlich vergrößert, da das Abstützfeld deutlich breiter als das Fahrzeug war. (02)

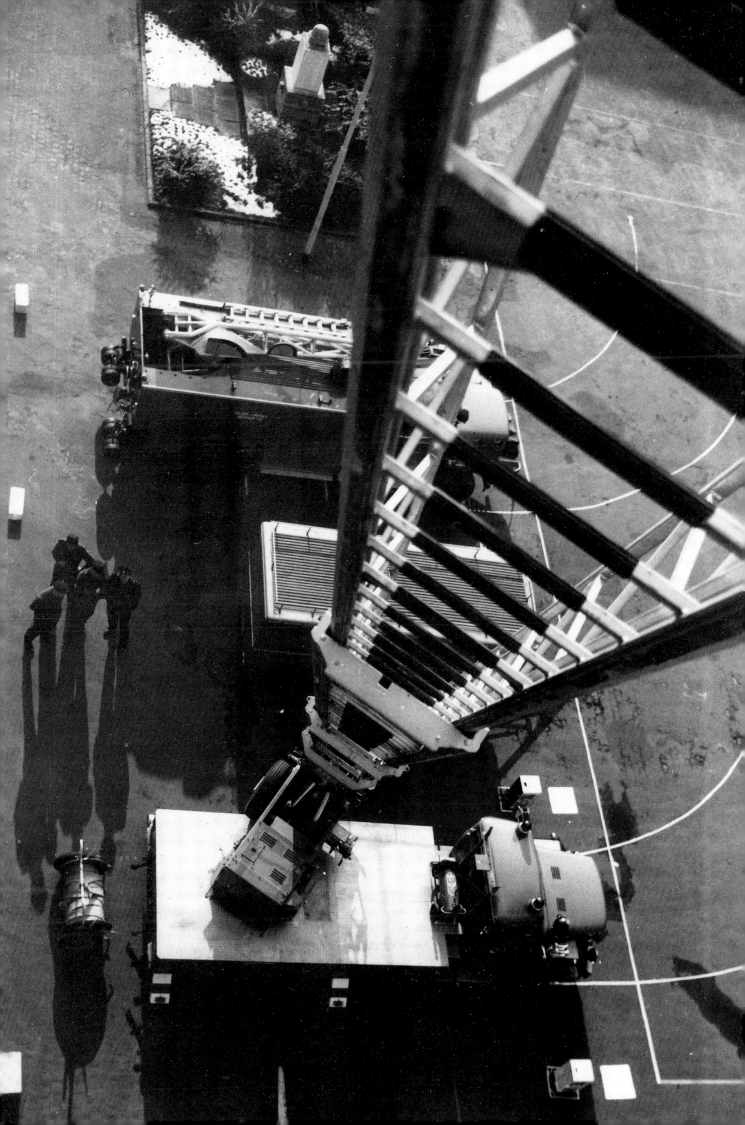

Spielend leichte Leiterbewegung

Der große Vorteil des hydraulischen Antriebes besteht im stufenlosen Bewegen. Sämtliche Leiterbewegungen — Aufrichten und Neigen, Ausziehen und Einlassen, Drehen, Senkrechtstellen und vor allem das Anleitern — können damit wesentlich feinfühliger, **ineinanderfließend** und präziser durchgeführt werden. Alle Bewegungen innerhalb des Benutzungsfeldes sind durch hydraulische, mechanische oder elektrische Sicherheitseinrichtungen abgesichert. Eine Fehlbedienung ist unmöglich. Außerdem wurden für alle Leiterbewegungen zusätzliche Handantriebe eingebaut. Die Steighöhe beträgt bei der DL 25 h 25 m, bei der DL 30 h 30 m. Beide Drehleitertypen werden auf dem DEUTZ-Fahrgestell MAGIRUS 150 D 10 aufgebaut. Wenn notwendig, können die Leitern mit einem Wendestrahlrohr ausgerüstet werden.

Ein robuster, luftgekühlter 6-Zylinder-DEUTZ-Dieselmotor mit automatisch geregeltem Kühlluftgebläse verleiht dem Fahrzeug die erforderliche Beschleunigung und Höchstgeschwindigkeit.

Robust wirtschaftlich unempfindlich

Als Antriebsmotor gelangt der robuste, luftgekühlte 6-Zylinder-DEUTZ-Diesel-V-Motor mit 150 PS bei 2300 U/min zum Einbau. Seine Vorzüge sind: weitgehende Unempfindlichkeit, auch bei extremen Temperaturverhältnissen, temperamentvolles Anzugsvermögen sowie eine erstaunlich große Bergfreudigkeit und Beschleunigung.

Hohe Tragkraft durch solide Bauweise

Für die Kraftfahrdrehleitern DL 25 h und DL 30 h wird das stabile DEUTZ-Fahrgestell F MAGIRUS 150 D 10, Radstand 4200 bzw. 4850 mm verwendet, das die besonderen Forderungen der Norm DIN 14701 für Kraftfahrdrehleitern erfüllt.
Die U-Profil-Stahllängsträger mit eingenieteten Quertraversen sind für schwerste Beanspruchung angelegt. Im vorderen Rahmenteil liegt über der Vorderachse, in Gummi gelagert, der Motor-Getriebeblock.

Die Achsen sind an langen, progressiv wirkenden Blattfedern und Zusatzfedern aufgehängt. Die bei den Radbremsen eingebauten Öldruckzylinder arbeiten mit Druckluftunterstützung. Die ZF-Gemmerlenkung mit geteilter Lenksäule zeichnet sich durch ihre außergewöhnliche Leichtgängigkeit aus.

Sehr selten bei deutschen Feuerwehren vertreten waren allradgetriebene Drehleitern. Eine der wenigen Ausnahmen wurde mit dieser hydraulischen DL 30 h mit Truppfahrerhaus 1965 von der BF München beschafft. Diese nur für spezielle Geländeeinsätze vorgesehene Drehleiter war auf dem schweren KHD-Fahrgestell F Magirus D 200 16 A mit 200-PS-Motor aufgebaut und zum Zeitpunkt der Aufnahme im August 1982 der Feuerwache München-Sendling zugeteilt. (05)

Diese Gruppenaufnahme auf dem Hof der Berufsfeuerwehr Flensburg zeigt vorn eine DL 30 h auf Eckhauberchassis F Magirus 150 D 10 in der Standardausführung mit Staffelkabine der Landesfeuerwehrschule Schleswig-Holstein, Baujahr 1965, ausgerüstet mit beidseitig unterhalb des Leiterpodiums neben der Hinterachse mittels Rolladen (nachträglich umgerüstet) verschlossenen Geräteräumen. Die daneben sichtbare DL 30 mit Truppkabine auf 150 D 11 der BF Flensburg war von 1969. (05)

Auch nach Belgien konnte Magirus in den 60er und 70er Jahren eine größere Stückzahl Eckhauber-Drehleitern exportieren. Dazu gehörte auch diese auf KHD-Chassis 135 D 12 (Sechszylinder-Diesel, 135 PS, 5655 cm³ Hubraum mit Luftkühlung) von Magirus in Zusammenarbeit mit der belgischen Firma Geens aufgebaute DL 30 mit Truppfahrerhaus, Rettungskorb und hydraulischer Schrägabstützung, Baujahr 1970, die im Frühjahr 1985 bei der Feuerwehr Waelkenraedt angetroffen wurde. (05)

DL 30 h in der Standardausführung mit Staffelfahrerhaus auf F Magirus 150 D 10 von 1965, stationiert im Frühjahr 1980 auf der Wache 2 (Oberkassel) der BF Düsseldorf. (05)

Oben eine weitere DL 30 h mit Rettungskorb, hydraulischer Schrägabstützung und Staffelkabine auf KHD-F Magirus 150 D 11 mit Sechszylinder-150-PS-Diesel F 6 L 714, gebaut 1969 für die FF Hilden. An der Leiter war eine Hakeneinrichtung arretiert, um die Drehleiter auch zum Heben von Lasten verwenden zu können. Datum der Aufnahme: 27. 9. 1980. (05)

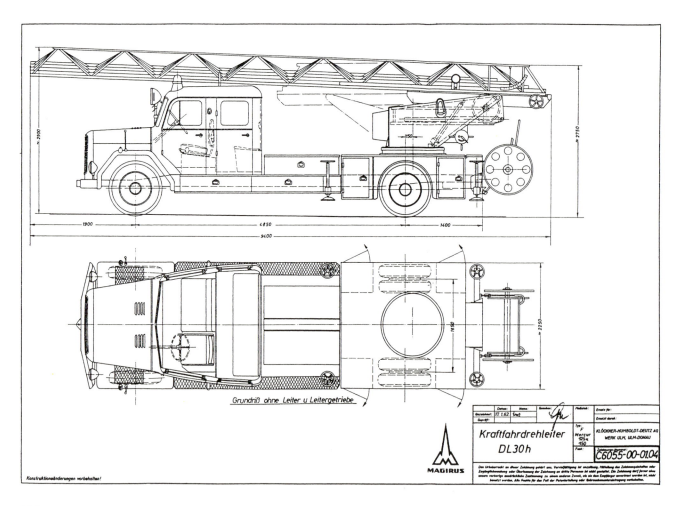

Bekanntlich fertigte der Magirus-Brandschutzbereich nicht nur Feuerwehraufbauten. Diese unter der Werksbezeichnung DLH 12 m eingetragene Montagedrehleiter für das Elektrizitätswerk der Stadtwerke Ulm wurde im Mai 1954 auf einem Borgward-B 2500-Fahrgestell aufgebaut. Das Chassis besaß einen Sechszylinder-Viertakt-Vergasermotor des Typs GM 2,4 mit 2337 cm³ Hubraum und erzeugte 82 PS bei 4000 U/min. Die 12-m-Leiter war in den Aufbau eingelassen, in welchem Arbeits- und Hilfsgeräte mitgeführt werden konnten. Auf ein besonderes konstruktives Merkmal sei hingewiesen, daß der gesamte Aufbau, sozusagen als vergrößerter Leiterstuhl, um 360° gedreht werden konnte. Die geräumige Mannschaftskabine war für sechs Personen vorgesehen. (01)

Als verkleinerte Ausführung des TLF 16-T waren die leichten TLF 8 überwiegend ebenfalls in Niedersachsen weit verbreitet. Bis 1961 wurde dieser Fahrzeugtyp fast ausschließlich auf Borgward-Allradfahrgestellen vom Typ B 2500 A bzw. ab 1959 B 522 A aufgebaut. Hier ein von Magirus aufgebautes, am 11. 8. 1961 fotografiertes TLF 8, das von der FF Schwanewede beschafft wurde. Das TLF 8 verfügte aufgrund der geringen Nutzlast des Fahrgestells nur über einen 1700-l-Löschwassertank; die Pumpenleistung betrug 800 l/min. (01)

In den 50er Jahren beschaffte das damals verwaltungsmäßig noch zu Frankreich gehörende Saarland eine Reihe von Feuerwehrfahrzeugen auf Fahrgestellen französischer Herkunft. Dazu gehörte auch dieses Tanklöschfahrzeug TLF 16 mit Magirus-Aufbau auf Latil-Chassis (Sechszylinder-Diesel, 120 PS, 8355 cm^3 Hubraum, 10,6 t zulässiges Gesamtgewicht), das 1955 für die FF Homburg/Saar gebaut wurde und von den Wehrmännern mit dem Namen „Emma" bedacht, bis zum heutigen Tage gehegt und gepflegt wird. (05)

Ebenfalls französischer Herkunft ist das Berliet-GAK-17-Frontlenkerchassis dieser 1965 von Magirus an die französische Feuerwehr St. Avold gelieferten DL 30 mit hydraulischem Leiterantrieb und Staffelkabine. Das Zehntonnen-Fahrgestell war mit einem Sechszylinder-Hotchkiss-Triebwerk mit 180 PS bestückt. Diese Aufnahme entstand am 23. 9. 1984. (05)

1951 beschaffte die belgische Feuerwehr Knokke eine 30-m-Leiter von Magirus, die auf einem US-amerikanischen Ford-F-8-(Big Job)-Chassis (wassergekühlter Achtzylinder 5-T-V-Vergasermotor mit 155 PS und 8175 cm³ Hubraum) aufgebaut war. Noch im Juli 1997 konnte der Autor dieses nostalgische, aber voll einsatzfähige Fahrzeug auf der Feuerwache Knokke-Heist fotografieren. Die Außerdienststellung war allerdings für Ende des gleichen Jahres vorgesehen. (05)

Eine hydraulisch betriebene DL 28+2 m auf Volvo-N-88-Haubenfahrgestell (Sechszylinder-Diesel D 100 mit 200 PS) erhielt die dänische Berufsfeuerwehr Kopenhagen 1969 von Magirus. Am 16. 8. 1986 stand dieses Fahrzeug, das mit einer recht neuzeitlich verkleideten, nach hinten offenen Mannschaftssitzbank, die offenbar von einem dänischen Karosseriebetrieb nachträglich erstellt wurde, ausgerüstet war, bei der FF Sonderburg im Einsatzdienst. (05)

Bereits am 10. 5. 1949 fotografiert wurde diese mechanische DL 22 auf Fiat-Diesel-640-N-Frontlenker (Sechszylinder-Diesel mit 105 PS und 6032 cm³ Hubraum, 8500 kg zulässiges Gesamtgewicht), die von Magirus an die BF Mailand geliefert wurde. Bemerkenswert sind neben den in diesem Land bei Lastkraftwagen üblichen Trilexfelgen die ausstellbaren Frontscheiben sowie die elegant geschwungenen Kotflügel des Fahrgestells. (01)

Am 10. 3. 1959 entstand diese Abbildung einer weiteren an die BF Wien gelieferten DL 50+2 m (hydraulischer Leiterantrieb) von Magirus, die dieses Mal auf dem schweren Saurer-Fahrgestell vom Typ 8 G-2 HL (Achtzylinder-Diesel, 180 PS) ausgeführt wurde. Die Staffelkabine wurde gleichfalls von Magirus erstellt, der Leiterpark war sechsteilig und das Fahrzeug wog voll ausgerüstet 16 950 kg. Die gewaltige Leiter befand sich von 1958 bis 1985 auf der Wache Leopoldstadt im Einsatz und ist bis heute (im Originalzustand, nicht restauriert) erhalten geblieben. (01)

Ebenfalls noch heute, dem Vernehmen nach sogar als Reserveleiter, existiert dieses Magirus-DL 25 auf englischem Bedford-OLB-Dreitonnenfahrgestell, mit Sechszylinder-72-PS-Dieselmotor, die die dänische Feuerwehr Esbjerg im Jahre 1951 in Dienst stellte. Den Kabinenaufbau fertigte die dänische Firma Meisner-Jensen. Diese Aufnahme entstand am 27. 3. 1988.

Die niederländische Feuerwehr Helmond beschaffte 1956 diese DL 30 mit mechanischem Leiterantrieb auf englischem Commer-R-541-Frontlenkerchassis von Magirus. Der Sechszylinder-Diesel dieses Typs leistete 90 PS. Ungewöhnlich ist die gelbe Lackierung dieses Fahrzeugs, die zeitweise in den Niederlanden besonders bei kleinen Wehren üblich war. Seit 1985 steht die Drehleiter nicht mehr im Dienst. (05)

Bereits im September 1941 stellte die Schweizer Berufsfeuerwehr Bern diese beeindruckend schöne DL 37+2 m mit Truppfahrerhaus und überdachter, nach hinten offener Rückbank auf Saurer-V-4-C-Fahrgestell (Sechszylinder-Diesel vom Typ CT 1 D, 7983 cm³ Hubraum, 100 PS bei 1900 U/min) in Dienst. Sie wurde 1973 nach Interlaken verkauft, wo sie im August 1985 noch im Einsatz stand. (05)

Die BF St. Gallen (Schweiz) orderte 1951 die unten gezeigte DL 30+2 m bei Magirus in Ulm. Aufgebaut wurde die Drehleiter auf 120-PS-Saurer-L-4-C-Fahrgestell mit Sechszylinder-Saurer-Diesel vom Typ CT 2 D mit 8700 cm³ Hubraum. Das schöne Fahrzeug befindet sich heute in Privathand. (05)

Nach Bad Ischl in Österreich ging 1955 eine DL 22 m auf Dreitonnen-Steyr-Diesel Typ 380 (Vierzylindermotor, 90 PS), die sich im Frühjahr 1985 bei der FF Gallneukirchen in gutem Pflegezustand befand. Es handelte sich hier um einen während des Krieges gebauten Leiterpark (ex SDL), der auf das neue Steyr-Fahrgestell gesetzt wurde. (05)

Eine hydraulisch betriebene 30-m-Leiter lieferte Magirus 1965 an die Schweizer Berufsfeuerwehr St. Gallen. Das Besondere an diesem Fahrzeug war das verwendete Saurer-2-DM/42-Allradfahrgestell (mit kurzem Radstand), das ein Saurer-CT-5-D-Dieselmotor mit sechs Zylindern, 8720 cm³ Hubraum und 160 PS Leistung, die bei 2200 U/min erzielt wurde, antrieb. Das Fahrzeug besaß ein Achtganggetriebe mit Servolenkung. (05)

Auf dieser Seite sind zwei an belgische Feuerwehren gelieferte DL 30 h auf Magirus-F-Mercur-125-Rundhauberfahrgestellen abgebildet. Während auf dem oberen Foto eine solche 1958 erstellte Drehleiter zu sehen ist, die sich am 31. 3. 1984 bei der Feuerwehr Schoten bei Antwerpen im Dienst befand, zeigt die Aufnahme darunter eine im gleichen Jahr bei der BF Brüssel als Reserveleiter angetroffene DL 30 von 1960. Während der Leiterpark, wie üblich, bei Magirus in Ulm gefertigt wurde, sind die Staffelkabinen beider Leitern belgischen Ursprungs und von der Karosseriefirma Geens erstellt worden. (05)

Den Abschluß dieses Buches bilden zwei nach Belgien und den Niederlanden gelieferte Eckhauber-DL 30. Sie dokumentieren damit nochmals den hohen Exportanteil, den Magirus speziell auf dem Drehleitersektor inne hatte. Während die im Frühjahr 1984 bei der belgischen Feuerwehr Theux angetroffene DL 30 h 1964 auf F Mercur 150 aufgebaut wurde, ist das im gleichen Jahr bei der niederländischen Feuerwehr Hengelo fotografierte Leiterfahrzeug auf dem bei Feuerwehren dieses Landes recht weit verbreiteten KHD-Magirus-126-D-10-Chassis (Sechszylinder-V-Diesel, 7412 cm³ Hubraum, 126 PS) errichtet. Die Staffelfahrerhäuser beider Fahrzeuge entstanden bei Karosserieaufbaufirmen des jeweiligen Landes. (05)

Erlebnis Technik

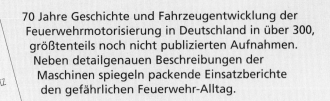

70 Jahre Geschichte und Fahrzeugentwicklung der Feuerwehrmotorisierung in Deutschland in über 300, größtenteils noch nicht publizierten Aufnahmen. Neben detailgenauen Beschreibungen der Maschinen spiegeln packende Einsatzberichte den gefährlichen Feuerwehr-Alltag.

160 Seiten 337 Abbildungen
ISBN 3-440-07265-7

Eine bedeutende Epoche des Feuerwehrwesens wird hier wieder lebendig. Von den Anfängen der Feuerwehrmodernisierung über die Fahrzeugvereinheitlichung im Dritten Reich bis hin zum Neubeginn in den 50er Jahren und den neuen Fahrzeugen der 60er Jahre.

159 Seiten, 325 Abbildungen
ISBN 3-440-06595-2

Ein faszinierender Bereich der Technikgeschichte wird hier mit eindrucksvollen Bildern und Faksimiliedrucken dokumentiert. Mit über 240 größtenteils bisher unveröffentlichten Fotos und seltenen Prospektabbildungen aller bedeutenden Hersteller. Eine gelungene Mischung aus älteren und neueren Typen für die verschiedensten Einsatzzwecke.

143 Seiten, 243 Abbildungen
ISBN 3-440-06856-0

kosmos

Bücher • Videos • CDs • Kalender
zu den Themen : Natur, Garten- und Zimmerpflanzen, Astronomie,
Heimtiere, Pferde, Kinder- und Jugendbücher, Eisenbahn/Nutzfahrzeuge